Johann Heinrich Vincent Nölting

Zweite Verteidigung des Herrn Past. Schlossers, in welcher des
Herrn Seniors Goeze Untersuchung der Sittlichkeit der heutigen
deutschen Schaubühne mit Anmerkungen begleitet wird

Johann Heinrich Vincent Nölting

Zweite Verteidigung des Herrn Past. Schlossers, in welcher des Herrn Seniors Goeze Untersuchung der Sittlichkeit der heutigen deutschen Schaubühne mit Anmerkungen begleitet wird

ISBN/EAN: 9783744635981

Hergestellt in Europa, USA, Kanada, Australien, Japan

Cover: Foto ©Andreas Hilbeck / pixelio.de

Weitere Bücher finden Sie auf **www.hansebooks.com**

Zwote
Vertheidigung

des

Hrn. Past. Schlossers

in welcher

des Herrn Seniors Goeze

Untersuchung

der

Sittlichkeit der heutigen

teutschen Schaubühne

mit

A n m e r k u n g e n

begleitet wird.

Von

Johann Hinrich Vincent Nölting

Prof. in Hamburg.

Gedruckt bey Dieterich Anton Harmsen.
1 7 6 9.

Zuschrift

an

Seine Hochehrwürden

den

Herrn Senior

Goeze.

Hochehrwürdiger Herr
Senior,

Wem sollte ich diese Schrift wol
eher zueignen, als dem, wie-
der welchen sie eigentlich gerichtet ist, und
welcher die mehrste Ursache hat, sie mit
Aufmerksamkeit zu lesen? Ich bitte Sie
um dieses letztere aufrichtig: und ich ver-
sichere Sie mit eben dieser Aufrichtigkeit,
daß es mir eine wahre Freude sein wird,
von Ihnen zu erfahren, daß Sie meine

Bemü-

Bemühungen für die Wahrheit als ein redlicher Forscher derselben aufgenommen haben. Finden Sie in meiner Schrift Fehler des Verstandes; so entdecken Sie mir dieselben mit Gründlichkeit und mit einer einleuchtenden Ueberzeugung. Ich werde in solchem Fall es für meine Pflicht ansehen, Ihnen auf eben die Art zu sagen, ob sie mich wirklich des Irrthums überführt haben oder nicht. Aber das bitte ich mir ergebenst aus, daß Sie nicht durch fremde Einkleidungen der Streitfrage und meiner wahren Meinung die Sache zweideutig machen, und mich nicht aufs neue zu einer weitläuftigen und langweiligen Vertheidigung nöthigen.

Auch

Auch möchte ich gern alle geringschätzige und verächtliche Begegnungen verbitten. Fehler des Herzens werden Sie hoffentlich in meiner Schrift nicht gewahr werden. Ich bin mir derselben nicht bewuſt: und Sie, mein Herr Senior, werden einen von der Sache selbst und vorzüglich von Ihrer Schrift veranlaßten ernstlichen Vortrag sehr wohl von einer aus bösen Absichten entstandenen Einkleidung zu unterscheiden wissen. Sollten indessen wieder Vermuthen Sätze oder Ausdrücke vorkommen, durch welche Sie mit Recht sich könnten für unschuldig beleidigt halten; so erkläre ich hiemit voraus, daß selbige ohne alle übele Absicht geschrie-

geſchrieben ſind, und daß ich ſie gern zurücknehme.

Uebrigens biete ich Ihnen, mein Herr Senior, hiemit meine Freundſchaft an, gegen welche Sie ehedem nicht ſo gar gleichgültig, als einige Zeit her, geweſen ſind: und ich verſichere Sie meines wahrhaftig freundſchaftlichen Mitleids bey Ihrem Verluſt eines Sohns, welcher mir wegen ſeiner vorzüglichen Eigenſchaften ſehr wehrt war. Gott erhalte Ihnen den noch übrigen einzigen Zweig Ihres Hauſes, und befeſtige und vermehre die Freude, welche Sie an demſelben ſchon ietzt in reichem Maaß erleben. Eben dieſer Segen unſers gemeinſchaft-
lichen

lichen himmlischen Vaters begleite Sie in allen guten Angelegenheiten und in allen redlichen Verrichtungen.

Ich bin mit der schuldigsten Hochachtung

Ihrer Hochehrwürden

Hamburg.
Am 5 Oktober.
1769.   ergebenster Diener

Joh. Hinr. Vinc. Nölting.

§. I.

Ederman weiß die Geschichte
des Streits, welchen fort-
zusetzen ich iezt auf zwiefache
Art genöthigt werde. Ein-
mahl um des Herrn Past.
Schlossers willen, dessen Vertheidigung ich sofern
aufs neue übernehmen muß, wiefern es sonst leicht
das Ansehen haben könnte, als ob meine erstere und
iezt von dem Herrn Senior Goeze angegriffene
Vertheidigung wirklich so schwach sey, als dieser zu
glauben scheinet. Zweitens meiner eigenen Ehre
wegen, indem nicht allein der Herr Senior in seiner Schrift mich ausdrücklich und hart angegriffen
hat, sondern auch andere schon vorher mein Ver-

A

fahren

fahren sehr unrecht ausgelegt, und meine wahre Gesinnungen verkannt haben.

§. 2.

Ich will von dem letzten zuerst reden, weil ich in der Folge nicht so bequeme Gelegenheit dazu haben möchte. In meiner Zugabe zu der Vertheidigung des Herrn Past. Schlossers habe ich im ersten Paragraph die unterschiedene Aufnahme derselben theils erzählt theils geweissagt. Aber ich habe in der Folge erfahren, daß dieses Register noch nicht vollständig gemacht sey. Jetzt will ich es etwas vermehren, damit auch Auswärtige erkennen mögen, welchen Lohn man bey uns empfängt, wenn man sich eines rechtschaffenen Mannes in einer guten Sache ehrlich annimmt.

§. 3.

Fürs erste haben einige Leute gesagt, es schicke sich für einen Mann von meinem Stand nicht, von Schauspielen zu schreiben, und dieselben zu vertheidigen. Man hat aber nicht für gut gefunden, zu zeigen, worin eigentlich die vorgegebene Unanständigkeit bestehe. Auch ist dieser Vorwurf nur von solchen Leuten gemacht, welche sich noch nicht überwinden können, ihre geringschätzige und wiedrige

drige Meinung von Schauspielen nach der Wahrheit zu untersuchen, sondern lieber in einem geerbten und durch unerwiesene und längst wiederlegte Beschuldigungen bestärktem Vorurtheil verharren wollen. Da sie also aller vernünftiger Vorstellungen ganz unfähig sind; so muß man sie mit Mitleid ansehen, und dann sie vergessen. Sollten aber vernünftige Leute glauben, der Streit über den Wehrt der Schauspiele sey zu unwichtig für mich gewesen; so antworte ich ihnen: Einmahl konnte es in keiner Absicht unwichtig für mich sein, einen rechtschaffenen Mann, wie Herrn Past. Schlosser, in einer Sache zu vertheidigen, in welcher er unschuldig aber gleichwol so ausserordentlich hart und zugleich mit so viel künstlicher Einkleidung angegriffen war, daß der Segen seines Amptes bey einem grossen Theil seiner Gemeine sehr in Gefahr gerieth. Wer das mit Gleichgültigkeit ansehen kann, was für ein Christ und Menschenfreund ist der? Fürs andere halte ich die Bemühung, den wahren Wehrt der Schauspiele und den besten Gebrauch, welchen man von ihnen zu machen hat, zu bestimmeu, für eine Sache, von welcher unpartheiische und wahrheitliebende Leser einen nicht ge-

ringen

ringen Nutzen haben können. Es werden sehr viel Schauspiele gedruckt und aufgeführt. Eine Menge Menschen nimmt auf die eine oder die andere Art Antheil an ihnen. Wenn man nun sie überreden will, daß dergleichen Anwendung ihrer Zeit eitel unnütz und wol gar sündlich sey, und wenn ich hingegen von dem Ungrund dieser Beschuldigung überzeugt bin, wenn ich einsehe, daß, sobald in dem Lesen und Ansehen der Schauspiele eine vernünftige Wahl und eine wohlgeordnete Mässigung getroffen wird, dadurch die Zeit auf eine gute Art angewandt werde; sollte es mir alsdenn nicht anständig, ja sollte ich nicht gewissermassen verpflichtet sein, meine Ueberzeugung andern mitzutheilen? Drittens giebt es viele, welche sich bisher um die Schauspiele gar nicht bekümmert, und andere, welche sie, ohne die geringste Kenntniß von ihnen zu haben, verachtet haben. Jene hören nun von dem Wehrt derselben bald so bald anders reden, und werden natürlicherweise begierig, etwas Gewisses zu erfahren. Sollten sie den gar nicht verdienen, daß man sich ihrer annehme, und ihnen die wahre Beschaffenheit der Sache zeige? Diesen hingegen, welche lästern wovon sie nichts wissen, wird es ebenfalls sehr nützlich

lich sein, wenn sie von dem Gegentheil überführt werden und einsehen lernen, daß es nicht genug sey, andern wie ein Papagoy ohne Verstand nachzusprechen, sondern daß zu einer vernünftigen Beurtheilung eine genaue Untersuchung vorausgesetzt werde. Viertens habe ich bey dem mir anvertrautem Lehramt der Beredtsamkeit manche Gelegenheit gehabt und gebraucht, meinen Zuhörern das Lesen und Ansehen guter Schauspiele anzurathen, damit sie dadurch mit allerley moralischen Charaktern, merkwürdigen Verhältnissen, sonderbaren Schicksalen, geschickten Einkleidungen, starken Verwickelungen, vollkommenen Auflösungen und andern Verdiensten des Dichters bald und auf eine lebhafte Art bekannt, zu edeln und theils sanften theils starken Empfindungen gewöhnt, zu erhabenen tugendhaften redlichen Gesinnungen angefeurt und darin befestigt würden. Denn so habe ich selbst von meiner Jugend an gute Schauspiele gelesen gesehn und zu nutzen gesucht. Wenn ich nun wahrnehme, daß man ihnen einen bösen Nahmen zu machen und sie als ganz unnütze zeitverderbende verführerische und verwerfliche Dinge abzumahlen sucht; sollte mir das nicht Ver-

anlaſ-

anlaſſung gnug ſein, um ihre Ehre zu retten, und ihren Nußen ins Licht zu ſtellen?

§. 4.

Eine zwote Aufnahme meiner Vertheidigung des Herrn Paſt. Schloſſers. Da ich guten Schau=ſpielen das Wort geredt, ſie angeprieſen, und die Verfertigung derſelben als etwas einem Prediger gar nicht Unanſtändiges ausgegeben habe; ſo haben gewiſſe Leute gut gefunden, mir aufzubürden, daß ich ein Schauſpiel mit einer Predigt in eine Klaſſe ſeßte, und dieſer keinen vorzüglichen Wehrt vor ie=nem beilegte. Ich enthalte mich alles Urtheils über den Charakter und die Denkungsart derer, denen es möglich geweſen iſt, meine Worte ſo ſehr zu ver=drehen, und, nachdem ſie das gethan, verächtlich von mir zu reden und feindſchaftlich gegen mich zu verfahren. Gott, welcher ihr Herz, und die eigent=lichen Urſachen ihres Wiederwillens gegen mich, und die wahren Abſichten ihres daraus herrühren=den ungerechten Verfahrens kennet, wird, wie ich wünſche und hoffe, ihnen die Augen noch zu rech=ter Zeit öffnen, damit ſie in ihren feindſchaftlichen Geſinnungen gegen mich und in der unleugbaren Uebertretung des Gebots nicht fortfahren: Du ſollt

kein

kein falsches Zeugniß reden wieder deinen Nächsten.
Aber für mich ist es auch Pflicht, deutlich zu zei=
gen, wie unverdient die Beschuldigung dieser
Leute ist.

Erstlich habe ich in dem fünften Paragraph
meiner Vertheidigung in der vierten Anmerkung
einige der guten Eigenschaften der Schlosserschen
Schauspiele gerühmt, und hinzugesetzt, „daß sie,
„nur in einem lebhaftern Vortrag, wahre morali-
„sche Reden sind." Würde ich nicht, wenn jene
Beschuldigung wahr wäre, gesagt haben: sie sind,
nur in einem lebhaftern Vortrag, wahre Predigten?
So würde ich ganz gewiß gesagt haben, wenn ich
nicht den grossen Vorzug einer Predigt vor einer
blos moralischen Rede einsähe, und wenn ich ein
gutes Schauspiel und eine gute Predigt für einer=
ley hielte.

Zweytens stehen im achten Paragraph in der
vierten Anmerkung diese Worte: „Vernünftige
„Leute und alle, welche gute Schauspiele kennen
„und nur einigermassen beurtheilen können, werden
„die Verfertigung derselben einem Prediger eben
„so anständig finden, als die Verfertigung guter
„Predigten." Was ich mit dieser Behauptung

A 4 habe

habe sagen wollen, ist von mir in der Zugabe zu
der Vertheidigung im siebenten Paragraph in der
zwoten Anmerkung ausdrücklich angezeigt, nehm=
lich: „Die Verfertigung guter Schauspiele sey eines
„Predigers so wenig unwürdig, als wenn er eine
„gute Predigt verfertigt, sie erniedrige ihn gar
„nicht unter seine Würde." Gleichwol hat man
sichs zum Geschäft gemacht, meine Worte ganz
anders auszulegen, als ich selbst sie will verstanden
wissen, nur damit man mich mit einigem Schein
beschuldigen, und in den Augen leichtgläubiger Leute
und einfältiger Nachsprecher heruntersetzen möchte.
Wie christlich ist das!

Drittens habe ich im dreizehnten Paragraph
der Vertheidigung in der ersten Anmerkung ge=
sagt: „Ein gutes Schauspiel ist in seinem Fach
„eben das, was eine gute Predigt in ihrem Fach
„ist, und kann für das Herz ebenfalls sehr heilsam
„werden." Hier haben nun gewisse Leute gefun=
den, was sie lange gesucht hatten, nehmlich die
Gelegenheit mich verdächtig zu machen, und mich
eines unverantwortlichen Leichtsinns gegen das Pre=
digtamt zu beschuldigen. Hatte ich gleich seit
vielen Jahren mich selbst vorbereitet, einmahl die=
ses

ſes Ampt, wenn Gottes gut finden wûrde, zu úber=
nehmen, hatte ich gleich in meinem ganzen Leben
kein Wort geſagt und keine Handlung gethan,
aus welchem auch nur mit einigem Schein der
Verdacht entſtehen konnte, als ob ich aus einer
guten Predigt wenig mache, hatte ich gleich bey
aller Gelegenheit meine úberaus groſſe Achtung ge=
gen einen geſchickten rechtſchaffenen ſorgfältigen und
exemplariſchen Prediger geäuſſert, hatte ich gleich
meine vorzügliche Liebe zur Anhörung erbaulicher
Predigten mit Worten und mit der That an den
Tag gelegt, hatte ich gleich meine Furchtſamkeit
ein Predigtampt eigentlich zu ſuchen vielmahls
bekannt und die Urſache hinzugeſetzt, weil ich das
Geſchäft einer damit mehrentheils verknüpften be=
ſondern Seelſorge zu ſchwer und zu bedenklich hielt,
um mir dazu Kräfte und Muth gnug zuzutrauen,
hatte ich gleich ſelbſt beinahe neunzig Mahle ge=
predigt, und gewiß in keiner Predigt auch nur eine
Spur eines Leichtſinns gezeigt, vielmehr nach eini=
ger Leute Meinung zuweilen zu viel Ernſt und
Schärfe geäuſſert, waren gleich alle dieſe Dinge,
welche ich angeführt habe, allgemein bekannte Sa=
chen, und mußte gleich aus ihnen meine wahre

ernſt=

ernſtliche Geſinnung und ſehr vorzügliche Achtung
gegen das Ampt und die Verdienſte eines Predigers mehr als zu deutlich hervorleuchten; ſo war
doch alles Kleinigkeit in den Augen derer Leute,
welche längſt gewünſcht hatten, etwas wieder mich
aufzubringen, und den guten Kredit, in welchem
ich auch in dieſem Betracht bey meinen Mitbürgern ſtand, zu ſchwächen. Aber ich hoffe, es ſoll
ihnen nicht gelingen. Ja ich hoffe noch mehr,
dieſes nehmlich, daß ſie ſelbſt einſehen werden, wie
ſehr ſie mir unrecht gethan haben. Ich darf zu
meiner Rechtfertigung nur meine Worte wiederholen. Es heißt zuerſt: „ein gutes Schauſpiel iſt
„in ſeinem Fach eben das, was eine gute Predigt
„in ihrem Fach iſt.“ Kann etwas deutlicher ſein,
um anzuzeigen, daß ich eine Predigt und ein Schauſpiel gar nicht in eine ſondern in zwo unterſchie-
dene Klaſſen ſetze? Eine Predigt hat ihr Fach, und
ein Schauſpiel hat ſein Fach. Wenn nun jene
nach ihren Regeln verfertigt und ihrem Zweck an-
gemeſſen iſt; ſo iſt ſie eine gute Predigt; und wenn
ein Schauſpiel nach ſeinen Regeln abgefaßt und
ſeinem Zweck gemäß iſt; ſo iſt es ein gutes Schauſpiel. Das iſt der einfache natürliche wahre Sinn
meiner

meiner Worte. Nun aber habe ich darin Un=
recht? Oder steht darin eine Silbe von der Be=
hauptung, daß eine gute Predigt keinen höhern
Wehrt habe als ein gutes Schauspiel? Wenn ich
so sage: Wenn ein Handwerker sein Geschäft mit
Geschicklichkeit und Treue verrichtet; so ist er ein
rechtschaffener Mann: und wenn ein General wahre
Kriegskunst und Redlichkeit gegen seinen Fürsten
beweiset; so ist er ein rechtschaffener General, und
wenn ich nun diese Vergleichung kurz also aus=
drucke: ein rechtschaffener Handwerker ist in seinem
Fach eben das, was ein rechtschaffener General in
seinem Fach ist; wird alsdenn wol ein einziger ver=
nünftiger und ehrlicher Mensch die Folge daraus
herleiten: ich schätzte einen guten General nicht
höher als einen guten Handwerker? Wer es noch
nicht begreift, wie sehr man mir Unrecht gethan
hat, der muß nichts begreifen wollen. Indessen
will ich zum Ueberfluß jenen an sich schon so leicht
einzusehenden Verstand meiner Worte auch aus der
Verbindung derselben mit den vorhergehenden be=
weisen. Ich behaupte in der angezeigten Stelle:
Wenn es wahr wäre, daß Herr Schlosser auch
als Pastor noch an Schauspielen arbeite; so
würde

würde nach dem Urtheil vernünftiger Leute ihm das zu keiner Unehre und keinem Vorwurf gereichen. Und nun kommen die Worte: Ein gutes Schauspiel ist in seinem Fach eben das, was eine gute Predigt in ihrem Fach ist. Sieht nicht ein ieder unpartheiischer Mensch, daß ich damit dieses gesagt habe: Wenn ein Prediger nach treulich verrichteten Amptsgeschäften seine Erholungsstunden unter andern zur Verfertigung guter Schauspiele anwendet; so thut er etwas Nützliches und ihm gar nicht Unänständiges. Denn wie er durch eine gute Predigt seine Geschicklichkeit in den Werken seines eigentlichen Berufs an den Tag legt, und dadurch das Gute, zu dessen Verbreitung er vorzüglich bestimmt ist, zu wirken sucht; so wird er durch ein gutes Schauspiel seine Geschicklichkeit auch in andern Sachen an den Tag legen, welche zwar für ihn Nebensachen aber doch seiner nicht unwürdig sind, und dadurch auch zu manchem Guten Gelegenheit geben können. Nun aber welche Ketzerey kann aus dieser Behauptung auch nur mit einigem Schein hergeleitet werden? Wenn ich sagte: „daß der Apostel Paullus Tapeten wirkte, konnte „ihm bey Vernünftigen zu keiner Unehre und kei-

nem

„nem Vorwurf gereichen: denn eine gute Tapete
„war in ihrem Fach) das, was eine gute Predigt in
„ihrem Fach war,“ und wenn nun iemand aus die-
fen Worten die Folge ziehen wollte, ich hielte eine
gute Tapete nicht höher als eine gute Predigt, ich
fetzte beide in eine Klasse; was würde ieder ehrlicher
Mann von einem solchen Ausleger urtheilen? Und
was läßt sich also von denen denken, welche meinen
obigen auf ganz ähnliche Art eingekleideten Ausdruck
mit so übel ausgelegt und zum Vorwand der härt-
sten Beschuldigung gebraucht haben? Aber noch
mehr. Auf iene Worte folgt noch der Satz: „ein
„gutes Schauspiel kann für das Herz ebenfalls sehr
„heilsam werden.“ Wenn ich in der Meinung stünde, ein gutes Schauspiel habe eben den Wehrt,
welchen eine gute Predigt hat; würde ich alsdenn
mich begnügt haben, zu sagen, es könne ebenfalls
sehr heilsam für das Herz werden; oder hätte ich
nicht vielmehr gesagt: es könne eben so heilsam für
das Herz werden? Und gleichwol hat dieses mit
grossem Bedacht gewählte sehr bestimmte und eben
so sehr bekannte Wort: ebenfalls so manchen Leuten ein Stein des Anstosses werden müssen. Aber
was sind das auch für Leute? Andere haben den

Aus-

Ausdruck: für das Herz heilsam werden, nicht aus-
stehen können, und geglaubt, das hieſſe vielleicht
so viel; die Beruhigung des Herzens im Leben und
Sterben befördern, und das könne doch auch das
beſte Schauspiel nicht. Aber wer hat sie den berechtigt, meine Worte so zu verstehen? Hat den heilsam nothwendig die eingeschränkte Bedeutung, daß
es allemahl soviel sey als: zur Beförderung des
ewigen Heils unmittelbar dienlich? Oder kann es
nicht eben das bedeuten, was wir sonſt nützlich nennen? Und nennen wir nicht körperliche Arzneien heilsam? Und iſt es unnatürlich geredt, oder iſt es
etwa gar eine Unwahrheit, wenn ich sage: Gute
Schauspiele können für das Herz des Menschen sehr
heilsam werden, indem sie in demselben edele Empfindungen erregen, ihm das Laster mit allen seinen Ränken und in seiner Abscheulichkeit vor Augen stellen, die Tugend hingegen liebenswürdig,
in allen Verhältnissen gleich groß, und selbſt im
Unglück unüberwindlich und ehrwürdig schildern?
Ich ersuche meine Leser, hiebey die Zugabe zur Vertheidigung des Herrn Paſt. Schloſſers, und zwar die
erſte und zwote Anmerkung des siebenten Paragraphs,
imgleichen den neunten Paragraph, und die An-
mer-

merkung des zwölften nachzulesen, und meinem dar=
in gegebenem Rath zu folgen. Alsdenn mögen sie ur=
theilen, wer Recht hat, ich oder jene Leute, welche mir
so unbillig feind sind, und mich so fälschlich anklagen.

§. 5.

Ich habe mich vielleicht bey der Ablehnung jenes
mir gemachten Vorwurfs zu lange aufgehalten.
Aber meine Leser werden mich entschuldigen, wenn
sie bedenken, daß es einem ehrlichem Mann wehe
thun muß, seine wahre Gesinnung gegen eine so
ehrwürdige Sache, als der Vortrag des göttlichen
Worts ist, recht geflissentlich verkannt und verdreht
zu sehen, und Vorwürfe hören zu müssen, von deren
Gegentheil sein Gewissen ihn aufs stärkste überführt.
Wenn sie aber dieses bedenken; so werden sie mirs
nicht verargen können, daß ich auch bey denen, welche
theils Urheber theils Verbreiter theils wenigstens
Nachsprecher jenes Vorwurfs waren, mich recht=
fertige, und sie an die Ermahnung des Apostels
Jakobus im vierten Kapitel im eilften Vers erinne=
re: Afterredet nicht unter einander. Aber es ist
Zeit, diese Vorbereitung zu schliessen. Ich thue es
durch die Bemerkung der dritten und letzten wiedrigen
Aufnahme meiner Vertheidigung des Herrn Pastor
Schlos=

Schloſſers. Ich nenne ſie die letzte, weil mir auſſer den bisher angezeigten keine andere Arten bekannt
geworden ſind, obwol ich mir leicht vorſtelle, daß
es immer noch Leute gnug wird gegeben haben, welche mit eben ſo viel Unbilligkeit als jene, nur aber
in einer andern Einkleidung, in ihren Urtheilen
über mich hergefahren ſind, Aber das beunruhigt
mich gar nicht. Es bleibt bey meiner Erklärung,
welche ich an dem Ende des erſten Paragraphs meiner Zugabe gethan habe, unveränderlich. Die
genannte dritte Aufnahme beſteht alſo darin. Man
hat ſich belieben laſſen auszuſtreuen, die Herren
Prediger des hieſigen Miniſterium hätten meine
Vertheidigung ihres Amptsbruders, des Herrn
Paſtor Schloſſers, in Anſehung ſeiner Schauſpiele
ſo übel genommen, daß unter ihnen alsbald eine
allgemeine Verabredung gemacht ſey, mir nie, wie
bisher zuweilen geſchehn, eine Predigt aufzutragen.
In dem Mund einiger Leute, welche das, was ſie
gehört haben, nicht gern ohne Veränderung und
Vermehrung weiter erzählen, hat dieſe Fabel gleich
eine andere Einkleidung bekommen, dieſe nehmlich:
Es ſey mir die Kanzel in Hamburg verboten. Ich
nenne dieſes Gerücht eine Fabel: denn das iſt es in

der That. Fürs erste sieht ieder vernünftige Mensch die Unmöglichkeit einer solchen Verabredung von so einsichtsvollen billig denkenden und menschenfreundlichen Männern leicht ein, welches dergleichen offenbar zur Unehre gereichen würde, und welchen es vielmehr lieb gewesen sein muß, die angegriffene Ehre ihres unschuldigen Amptsbruders gerettet zu sehen. Zweitens wird ieder unserer Herren Prediger die Unwahrheit dieses Vorgebens, sobald er deßwegen befragt wird, bezeugen, wie es auch schon einige derselben ausdrücklich gethan haben. Drittens beweisen zwo von mir seit der Bekanntmachung meiner Vertheidigung in Hamburg gehaltene Predigten offenbar das Gegentheil. Indessen so nichtig ienes Gerücht war; so hat es doch zu einem Verfahren gegen mich Gelegenheit gegeben, dessen Ungerechtigkeit iedem unpartheiischem Menschen in die Augen geleuchtet hat, und welches für mich würde kränkend gewesen sein, wenn ich die erste Ursache und den wahren Zusammenhang desselben nicht gewußt und nicht längst gelernt hätte, daß iede Handlung, und wenn sie auch noch so redlich und untadelhaft ist, gewissen Leuten zum Vorwand dienen kann, ihren Verfolgungsgeist zu verbergen,

B

bergen, und ihren Feindseligkeiten eine fromme Gestalt zu geben.   Unser Erlöser preist Matth. 5, 11.
diejenigen selig, welche um des Guten willen ver-
folgt werden, und bestimmt ihnen ein Antheil am
Himmelreich.   Sollte man den, bey dem Bewußt-
sein redlicher Absichten und eines wohlüberlegten
Unternehmens und überhaupt bey dem Zeugniß
eines guten Gewissens, sich betrüben, wenn gute
Thaten übel aufgenommen werden?

§. 6.

Indem ich dieses schreibe, wird mir des Herrn
Pastor Hoecks gedruckter Abriß seiner am Bußtag
dieses Jahrs gehaltenen Predigt gesandt, in dessen
Eingang diese Worte stehen: „Wir würden den
„heutigen Bußtag schlecht feyern, und es würde
„kein christlicher Bußtag sein, wenn wir an dem-
„selben weiter nichts thäten, als uns unter einan-
„der zu einer bürgerlichen Rechtschaffenheit zu er-
„muntern.   Denn dazu brauchten wir keine evan-
„gelische Prediger, sondern nur philosophische Mo-
„ralisten, oder ästhetische Canzel-Comödianten,
„und unser Bußtag würde nichts mehr als eine
„Comödie sein, darin wir eine gute Moral hörten,
„und dann davon gingen, und weiter nicht daran
„dächten

„dachten, oder alles auf andere deuteten." Diese
Predigt ward grade zu der Zeit gehalten, als die
Schrift des Herrn Seniors herauskommen war,
in welcher er Herrn Pastor Schlosser wegen seiner
Verfertigung der Schauspiele und mich wegen der
Vertheidigung derselben angreift. Man kann also
leicht denken, daß diese Stelle in derselben unge=
mein viel Aufsehen gemacht habe, und von einem
grossen Theil der Zuhörer und Leser auf Herrn
Schlosser und mich gedeutet sey. Da nun Herr
Pastor Hoeck durch seine Ausdrücke hiezu offenbar
Gelegenheit gegeben hat; so hat es mir nicht anders
als traurig seyn können, daß ein Prediger an dem
Tag, da er sich und seine Gemeine zur bußferti=
gen Demüthigung vor Gott, zum sehnlichen Ver=
langen nach Verschonung und Verzeihung, und
zum ernstlichen fortwehrenden und wirksamen Trieb
der Gottseligkeit ermuntern soll, sich nicht entsiehet,
dergleichen lieblose unnütze und dem Zweck dieses
wichtigen Tags sehr nachtheilige Sticheleien auf
die Kanzel zu bringen. Uebrigens enthält die ganze
Stelle so viel Unanständiges und so gar nichts von
gründlicher Belehrung, daß sie schon darum un=
werth ist, in einem öffentlichem, geschweige zur

Erbauung beſtimmtem, Vortrag zu ſtehen. Fürs
erſte welch ein Ausdruck: Canzel-Comödianten!
Wer denkt nicht dabey ſogleich an iene eben ſo unanſtändige Beſchuldigung, welche ich in meiner erſten Vertheidigung im 5. § beleuchtet habe, da man
Herrn Paſtor Schloſſer vorwarf: er habe als
Candidat den einen Fuß auf der Kanzel den andern
auf dem Theater gehabt? Und wer ſieht nicht
deutlich, daß Herr Hoeck theils Herrn Schloſſer
meint, und den vermeinten Wiederſpruch zwiſchen
ihm als Prediger und als Verfertiger der Schauſpiele andeuten will, theils mich meint, der ich ebenfalls ſchon oft auf der Kanzel geredt, und in meiner
Schrift die gute Sache der Schauſpiele vertheidigt
habe? Wir beide ſollen nun auf einmal verächtlich
gemacht werden. Und dazu muß der Ausdruck:
Canzel-Comödiant hergezerrt, und die Feier eines
Bußtags gemiſbraucht werden. Auf ſolche Art
wird alſo eine Gemeine erbaut und gebeſſert; und
ſo giebt man ihr ein Muſter, nach welchem ſie ſich
in der Beurtheilung des Nächſten bilden ſoll! Fürs
andere iſt es ſehr unbedachtſam von Herrn Hoeck
gehandelt, daß er mit ienem Ausdruck dieſen ver-
bindet: philoſophiſche Moraliſten. Denn dadurch

veranlaßt

veranlaßt er seine Zuhörer und Leser, zu folgern, daß
er Herrn Schloffer und mich für blos philosophische
Moralisten halte, welche, wenn sie öffentlich reden,
nur auf Grundsätze der Weltweisheit bauen, und
das Christenthum an die Seite setzen. Dieser Ver=
dacht, daß er uns dafür halte, ist sehr wahrschein=
lich, theils weil gemeiniglich die Prediger, welche
Liebhaber der schönen Wissenschaften und also auch
der theatralschen Dichtkunst sind, von andern ih=
nen nicht wohlgewogenen mit eben dieser Wendung
oftmahls verlästert werden, theils weil ich seit drey
Jahren sieben und dreißig öffentliche größtentheils
moralische Reden im Hörsaal des Gymnasium ge=
halten, welche, ungeachtet sie durchgängig sich auf
die christliche Religion gründen, von einigen, de=
nen etwa daran gelegen war, mich verdächtig zu
machen, gleichsam spottweise philosophische Reden
genannt sind. Und nun konnte also Herr Pastor
Hoeck an einem feierlichen Bußtag sich erlauben,
dergleichen Verdacht recht öffentlich zu erregen?
Eine wirklich traurige Erscheinung! Fürs dritte
finde ich die Lobrede, welche er einem aus Gottes
Wort genommenem Vortrag auf Unkosten der
Schauspiele hält, ungemein schwach. Wenn er

B 3   gesagt

gefagt hätte: das Evangelium wirkt in lehrbegie-
rigen und folgsamen Herzen eine aufrichtige Er-
kenntniß der Sünden , und eine tiefe Beschä-
mung über ihre grosse und unverantwortliche Undankbarkeit gegen Gott und leichtsinnigkeit gegen ihr eigenes Heil; es erweckt in ihnen eine un-
aufhaltsame Begierde zu der Versöhnung Christi
und zu einer redlichen und standhaften Besserung
der Gesinnungen und des Wandels: dieses aber
auszurichten ist auch das beste Schauspiel nicht im
Stand; hätte Herr Pastor Hoeck auf diese oder
ähnliche Art geredt; so würde ieder vernünftiger
Christ darin den rechtschaffenen Prediger erkannt
und ihm beigepflichtet haben. Aber ohne sich auf
den eigentlichen und wirklich grossen Vorzug einer
Predigt vor einem Schauspiel einzulassen beliebt es
ihm, folgende Vergleichung zu machen: „Wenn wir
„uns heute nur zu einer bürgerlichen Rechtschaffen-
„heit ermunterten; so würde unser Bußtag nichts
„mehr als eine Comödie sein , in welcher wir
„eine gute Moral hörten, und denn davon gin-
„gen, und weiter nicht daran dächten, oder alles
„auf andere deuteten.‟ Gleich als ob schon ausgemacht sey, daß alle Zuschauer eines Schauspiels,

sobald

sobald sie sich von demselben entfernt haben, den Innhalt desselben vergessen und keinen guten Gebrauch davon machen, und als ob hingegen alle Zuhörer eines Vortrags, welcher auf der Kanzel nach den Lehren des Christenthums geschieht, denselben gehörig behalten und auf sich anwenden. Weder das eine noch das andere hat Herr Hoeck bewiesen, und er wird auch wol beides unbewiesen lassen.

§. 7.

Ich komme nun zu der Schrift des Herrn Seniors Goeze, deren langen Titel ich nicht hieher setzen will, weil sie vermuthlich in iedermans Händen ist, und weil ich doch die Stellen derselben, welche ich mit Anmerkungen zu begleiten nöthig finde, so anführen werde, daß man ihren Inhalt und ihre Absicht deutlich gnug erkennen wird. Ich habe die Beantwortung dieser Schrift und besonders die Vertheidigung meiner Ehre wieder die darin auf mich geschehnen harten Angriffe öffentlich angekündigt, und ich halte iezt mein Wort. Man wird mir nicht verdenken, daß ich von dem Eindruck, welchen diese Ankündigung bey einigen gemacht hat, so freimüthig rede, als es ihnen gefällig gewesen ist, mich zu beurtheilen.

Zuerst

Zuerst hat man gesagt, es schicke sich zu dem Verhältniß, in welchem ich gegen den Herrn Senior Goeze stehe, nicht wohl, daß ich wieder ihn schreibe. Er sey doch ein Mitglied des Scholarchenkollegium, unter welchem ich als Professor stehe. Ohne Zweifel hat auch der Herr Generalsuperintendent Struensee hierauf gezielt, da er, nach seiner bekannten wortprangenden Beredtsamkeit, vor kurzem zu einem meiner Freunde sagte, mein angekündigtes Unternehmen sey eine Rebellion. Ein schreckliches Wort, welches verdient, noch einmahl und mit einer recht heisern und heulenden Baßstimme ausgesprochen zu werden. Doch mich schreckt es so wenig als iener Einfall selbst, daß ich, indem ich mich gegen den Herrn Senior Goeze vertheidige, wieder die Subordinazion handele. Denn einmahl betrifft diese Subordinazion nur die Geschäfte meines Ampts, das ist, in diesen hange ich von den Verordnungen des mir allemahl mit Recht verehrungswürdigen Scholarchats ab, welches aus vier und zwanzig Gliedern bestehet, deren eines der Herr Senior Goeze ist. Nun aber gehört die Rettung meiner Ehre gegen seine Verkleinerungen derselben, und überhaupt ein gelehrter

Streit

Streit mit ihm gar nicht zu den Geschäften meines
Amts, sondern sind willkührliche Dinge. Wir
sind sofern nicht anders als Bürger des Reichs der
Gelehrsamkeit zu betrachten; und unter diesen ist
kein Rang und keine Subordinazion. Ihr einziges Gesetz ist die Liebe zur Wahrheit und ein redliches Bemühen, nach Ueberzeugung dieselbe aufs
beste auszubreiten. Wenn ich das beobachte, und
dabey die Höflichkeit gegen einen mir bekannten und
im Ansehen stehenden Gegner nicht aus den Augen
setze; so kann kein vernünftiger Mensch mich tadeln.
Fürs andere. Wenn auch der Herr Senior Goeze,
mein Protoscholarch wäre, welches er nicht ist; so
würde eine bescheidene Vertheidigung meiner Ehre
und meiner guten Sache gegen dergleichen Angriffe,
wie er wirklich gethan hat, keineswegs ein Verbrechen seyn. Wenn ein Unterthan eines unumschränk-
ten Monarchen von diesem glaubt gekränkt zu seyn;
so ist es ihm allerdings erlaubt, sich über ihn zu beschweren, und sein Recht bey dem Oberappellations-
gericht des Landes zu suchen. Wie vielmehr leidet
also das gewiß nicht so strenge Verhältniß, in welchem ich gegen den Herrn Senior stehe, daß ich
vor den Augen des Publikum und mit denen Waf-

fen,

fen; welche meine Ueberzeugung mir giebt, mich
gegen ihn vertheidige! Damit aber diejenigen Leute,
welche bey solcher Freimüthigkeit allemahl sich hinter das alte Herkommen verstecken, und mit einer viel-
bedeutenden altklugen Miene sagen: aber wir haben doch dergleichen Exempel nicht gehabt, das ist
etwas Neues, der Mann wagt viel u. s. w. damit auch diese Leute überzeugt werden, daß ich durch
eine bescheidene Vertheidigung auf keine Weise den
Wohlstand verletze; so sehe ich mich genöthigt, sie
an einen allgemein bekannt gewordenen Vorfall zu
erinnern, dessen erneuertes Andenken zwar wohlver-
dient, aber doch mir, ungeachtet ich gewiß keine
Unehre davon haben kann, unangenehm ist. Als
Herr Pastor Schlosser hier in Hamburg von dem
Herrn Senior Goeze zum Predigtampt öffentlich
eingesegnet ward; bezeugte ich ihm meine aufrichtige Theilnehmung öffentlich, und ließ zugleich
meine Meinung über eine Stelle aus den Psalmen
drucken, welche der Herr Pastor Winkler, einer
meiner Herren Scholarchen, in einem gedruckten
Abriß einer Predigt anders ausgelegt hatte, als ich
glaubte daß sie müsse erklärt werden. Ich zeigte
feine Meinung und die von ihm angeführten Gründe
derselben

derselben an, und sagte meine Gegenmeinung und
meine Gründe. Ich nannte ihn dabey ausdrück:
lich, und wiederholte seine eigene Worte in meiner
Schrift. Man las diese so begierig, daß sie in ei=
nigen Tagen vergriffen, und ich vielfältig ersucht
ward, sie noch einmahl drucken zu lassen: welches
ich auch ietzt vorzüglich zu thun genöthigt bin,
da gewisse Leute bey meinem gegenwärtigen Streit
gesagt haben, ich hätte schon einmahl mit einem
meiner Herren Scholarchen, nehmlich Herrn Past.
Winkler, einen heftigen Streit gehabt, und weil
ich doch diese Leute, welche gewiß die Schrift nicht
gelesen haben, überführen möchte, daß sie auch
hierin sehr unbillig von mir urtheilen. Einige we=
nige unter den damahligen Lesern dieser Schrift
stimmten eben den Ton an, welchen man ietzt aufs
neue anstimmt, daß ich nehmlich nicht recht gethan
habe, mich mit einem der Herren Scholarchen in
eine gelehrte Streitigkeit einzulassen. Ja der Herr
Pastor Winkler selbst beschwerte sich über mich in
einem Schreiben an den damahligen Herrn Proto=
scholarchen, Herrn Senator Renzel, und ver=
langte von demselben, daß mir mein Verfahren
verwiesen werde. Allein dieser Mann, anstat
auch

auch nur einen Schatten von Wiederwillen gegen
mich merken zu laffen, fagte mir vielmehr in einer
freundfchaftlichen Unterredung, in welcher er mich
überhaupt ungemein viel Güte fehen ließ: Er könne
nicht begreifen, was Herr Paftor Winkler ha=
ben wolle; da ich doch nichts anders gethan, als
daß ich nach meiner Ueberzeugung von einer Schrift=
ftelle gefchrieben und feine Meinung von derfelben
beurtheilt, und da in meiner ganzen Schrift auch
nicht ein Wort enthalten fey, welches die Höflich=
keit beleidige. Diefes waren die eigenen Worte des
feligen Mannes, denen er die Erzählung der von
dem Herrn Paftor Winkler angeführten Urfachen
ohne die geringfte Billigung derfelben, und zulezt
die Bitte hinzufügte, ich möchte doch felbft münd=
lich oder fchriftlich dem Herrn Paftor Winkler be=
deuten, daß ich nach dem Recht verfahren habe,
welches ieder Bürger des Reichs der Gelehrfam=
keit hat. Ich habe diefem freundfchaftlichem
Rath gefolgt, und Herr Paftor Winkler befitzt
vielleicht noch den Brief, welchen ich an ihn ge=
fchrieben, und deffen ich mich gewiß nicht zu fchämen
habe. Ich würde diefes alles vielleicht nicht fo
umftändlich erzählt haben, wenn nicht der Herr

Paſtor ſelbſt damahls ſchon dieſes gethan und meinen Brief andern gezeigt hätte. Jetzt kann dieſe
Geſchichte dazu nützlich ſein, daß diejenigen, welche ſo urtheilen: ich thue Unrecht, daß ich wieder
das Oberhaupt des Hamburgſchen Miniſterium
ſchreibe, welcher noch dazu einer meiner Herren
Scholarchen ſey, einſehen lernen, daß vernünftige
einſichtsvolle und unpartheiiſche Männer nicht ſo
blind in den Tag urtheilen, und daß, wenn ich in
jener Streitigkeit nicht unrecht gehandelt habe, es
jetzt noch vielweniger unrecht ſey, mich gegen wirkliche und harte Angriffe zu vertheidigen.

Fürs andere. Als ich im Anfang dieſes Jahrs
die erſte Vertheidigung des Herrn Paſt. Schloſſers
bekannt machte, war die Neugierde, ſie zu leſen
ſo groß, daß innerhalb vier und zwanzig Stunden
ſchon an eine neue Auflage derſelben gedacht werden
muſte. Sie ward wirklich veranſtaltet, und alle
Exemplare derſelben wurden geſchwind vergriffen; und gleich darauf und bisher noch immer wird ſie ſo vielfältig verlangt, daß ich, theils
um deßwillen theils weil man von andern Orten mit
einem Nachdruck drohet, genöthigt bin, ſie zum
dritten Mahl auflegen zu laſſen. Einige Wochen
nach

nach der Erscheinung der erſten Auflage kam
von einem unbekanntem Verfaſſer eine Prüfung
meiner Vertheidigung heraus: welche ich, ohne ein
Mistrauen in dieſe zu verrathen und die verſuch=
te Wiederlegung derſelben zu billigen, nicht unbe=
antwortet laſſen konnte. Da ich nun weder ienes
Mistrauen empfand noch auch dieſe Billigung mit
Ueberzeugung zu thun vermochte; ſo beantwortete
ich die Prüfung in einer Zugabe zur Vertheidi=
gung des Herrn Paſtor Schloſſers. Was war
natürlicher, als zu glauben, daß dieſe Zugabe von
allen denen, welche die Vertheidigung in Händen
hatten, werde verlangt werden? Daher wurden
von derſelben eben ſo viel Exemplare abgedruckt, als
iene zwo Auflagen der Vertheidigung zuſammen
enthielten. Allein auf einmahl hörte die Neugier=
de der Leute auf; nur etwa der dritte Theil der vor=
handenen Exemplare ward verlangt, und noch ge=
genwärtig liegen deren fünf hundert dem Verleger
zur Laſt. Da ich genöthigt ward, in iener Streitig=
keit fortzufahren; ſo deuchte mich, die angeführte
Erfahrung der ſo ſehr ungewiſſen Neugierde der
Menſchen erfordere bey der Ausgabe meiner Schrift
einige Vorſicht. Damit nehmlich nicht zu wenig

Exem=

Exemplare abgedruckt, und keine begierige Leser un-
befriedigt bleiben möchten, damit aber auch nicht
die Auflage zu groß und aufs neue eine Anzahl von
Exemplaren, auf welche dieselben Kosten verwandt
worden, übrig bleiben möchte, und überhaupt damit man die sonst ganz und gar ungewisse und von
einigen sehr groß von andern hingegen sehr klein
vorgeschlagene Menge der abzudruckenden Exemplare mit einiger Wahrscheinlichkeit bestimmen
möchte; so ward beschlossen, eine Ankündigung
meiner Schrift zu thun, und die, welche sie zu lesen wünschten, um die Anzeige ihres Verlangens
zu ersuchen. Dieses muste nun entweder durch An-
zeichnung ihres Nahmens, oder durch eine von ihnen zu leistende Pränumerazion geschehen, wofür
sie einen Schein empfingen. Das erste hatte viele
Unbequemlichkeiten, zum Exempel das oftmahlige
Anschreiben der Nahmen, welches diejenigen thun
müsten, denen die Besorgung überlassen würde, und
den Wiederwillen vieler, ihre Nahmen bekannt
werden zu lassen. Es blieb also nichts übrig
als die Pränumerazion, welche ich erwählte,
ungeachtet sie durch den Abdruck sowohl der
Ankündigung als auch der Scheine neue Kosten und

mit

mir durch öftere Unterſchreibung meines Nahmens und durch oftmahliges Senden viele Mühe verurſachte. Daß hiebey zugleich der Preis iedes Exemplars ſo genau als möglich beſtimmt würde, war wol ſehr nothwendig, weil ſonſt iedermann würde geſagt haben: wie kann man pränumeriren, wenn man nicht weiß wie viel, und wer wird pränumeriren und ſich in die Verbindlichkeit ſetzen einen Nachſchuß zu geben, wenn derſelbe nicht im Verhältniß zu der Stärke der Schrift beſtimmt iſt? Daher ward für beides geſorgt, und nun kann kein Menſch ſich beſchweren, daß man ihn geringſten ihn in Ungewißheit gelaſſen, oder vermittelſt unbeſtimmter zweideutiger Ausdrücke ihn in nicht vorhergeſehne Koſten zu ſetzen geſucht habe. Dieſes iſt die Entſtehung des Gedanken einer Pränumerazion, welche in Engelland ſehr gewöhnlich iſt, welche meine Mitbürger bey den drey Sammlungen meiner Reden und bey der einen Sammlung meiner Predigten ganz vernünftig gefunden haben, durch welche keinem der geringſte Nachtheil oder irgend eine Gefahr oder ſonſt eine Beleidigung erwächſt, und welche in vielen andern Dingen auf ähnliche Art geſchiehet, ohne daß ein Menſch ſich darüber
aufhält

aufhält und etwas Unrechtes darin findet. Wie
konnte ich also vernünftigerweise vermuthen, daß
diese meine Ankündigung und dieser Vorschlag der
Pränumerazion von meinen Mitbürgern, welche
doch sonst in ihren Urtheilen über mich so viel Billigkeit ja selbst unverdiente Zuneigung gezeigt haben, werde übel aufgenommen werden? Gleichwol hat man mich versichert, daß es geschehn sey,
und ich kann nicht leugnen, daß diese Nachricht
mich sehr befremdt hat. Wenn ich vollends die sonderbaren Ursachen bedenke, warum man mich getadelt; so werde ich ganz irre an der Denkungsart
einiger Leute. Sie sagten zum Exempel: ich wolle
vielleicht mit meiner Schrift Wucher treiben. Also
glauben sie den, daß durch die Pränumerazion mehr
eingenommen werde, als wenn die Schrift am Ende
auf einmahl bezahlt würde? Ich dächte, die Herren verstünden die Rechenkunst doch wol so weit, daß
sie zum Exempel einsähen, daß 8, welche ietzt gegeben, und 4, welche nach einigen Wochen zuge-
legt werden, nicht eins mehr ausmachen als 12,
wenn man sie am Ende derer Wochen auf einmahl
ausgiebt. Oder meinen sie etwa, die vorausem-
pfangene Schillinge könnten gleich zu einem Kapi-

tal

tal gemacht, und wehrend jener Wochen schon Zin-
sen davon gehoben werden? Oder bilden sie sich
ein, man sey in so grossem Geldmangel gewesen, daß man dieses Mittel ersinnen müssen, um
durch ihren großmüthigen Beitrag sich fürs
erste zu helfen? Oder befehlen sie etwa, daß ein Gelehrter seine Zeit Mühe und Kosten aufwende, und
dabey allerley Urtheilen und Verdrießlichkeiten sich
aussetze, damit er seine Schrift unentgeldlich oder
wenigstens halb umsonst ihnen in die Hände gebe,
und nun zur Belohnung die grosse Ehre habe, von
ihnen, als ungezweifelten Kennern und untrüglichen
Beurtheilern, gelesen zu werden? Wie die Herren
doch so billig sind, sie die sie in der Berechnung ihres Gewinns fürwahr nach ganz andern Grundsätzen verfahren! Ein anderer Vorwurf. Ich hätte
dem Publikum so viel Begierde, meine Schrift zu
lesen, zutrauen sollen, daß ich nicht nöthig gehabt,
sie erst auszuforschen. Aber gesetzt; ich wäre zu
solchem Zutrauen berechtigt gewesen; wie viel hundert Exemplare hätte dasselbe mir anrathen sollen? Der eine sagte mir: lassen sie fünf hundert
drucken, der andere acht hundert, der dritte zwölf
hundert, und einige riethen gar zwey tausend an.

Wem

Wem soll ich nun folgen, und wer würde, wenn
zu wenig gedruckt wären, die ganz neuen und eben
so grossen Kosten einer zwoten Auflage, oder, wenn
zu viel gedruckt wären, die unnütz verwandten Kosten vergüten? Und überhaupt wie wenig ich zu
jenem Zutrauen berechtigt gewesen sey, habe ich vorhin aus einer vor einem halben Jahr gehabten Erfahrung bewiesen. Ein dritter Vorwurf. Ich
hätte meine Beantwortung der Schrift des Herrn
Seniors in der Absicht angekündigt, damit mir
mein Unternehmen möge verboten werden. Was
es doch für kluge Leute in der Welt giebt, welche
die Absichten eines andern so gleich ohne alle Schwie-
rigkeit errathen können! Aber dieses Mahl sind sie
doch, da sie sich für weise hielten, auf einen Ab-
weg gerathen. Sie hatten wol nicht in meiner Ankündigung gelesen, daß ich ausdrücklich gesagt:
meine Beantwortung würde unfehlbar erscheinen?
Freilich über ein so kleines Wort sehen gewisse Leute
weg, welche mit grössern und pfündigern Worten
zu thun haben. Auch hatten sie wol nicht daran
gedacht, daß es einem ehrlichen Mann durch kein
Gesetz in der Welt verboten sey oder verboten werden könne, sich gegen solche Angriffe, als auf mich

geschehn

geschehn waren, zu vertheidigen? Oder sie hatten
mich zeither als einen so schüchternen furchtsamen
und leicht zu erschreckenden Menschen kennen gelernt, welcher auch bey dem Bewustsein seiner guten
Sache sich vor den Augen der ganzen Welt könne
verächtlich begegnen lassen, und gern dazu schweige,
wenn es nur mit einigem Vorwand geschehen könne? Aber ich ermüde, noch mehrere eben so unbe-
deutende Vorwürfe zu erzählen, welche mir wegen
dieser Sache gemacht sind, und welche ich vielleicht
auch gehört aber schon wieder vergessen habe. Und
überhaupt ist von den mehrsten mir nur die ganz
unbestimmte Nachricht gebracht worden, man habe
es mir verdacht, daß ich diesen Weg eingeschlagen
bin. Wenn ich nun fragte, warum hat man mir
eine Sache verdacht, welche nothwendig und keinem Menschen nachtheilig war; so erhielt ich nichts
als dieses zur Antwort: Man hat es ihnen doch
vielfältig übel genommen. O, dacht ich, nichts
anders als das? Man hat mir schon vieles übel
genommen, ohne zu wissen warum, und ohne vernünftige Ursache dazu zu haben. Wer sich um jede
voreilige und flüchtige Beurtheilung anderer Leute
bekümmern oder darnach richten wollte, der würde

eben

eben so thörigt wie sie sein. Ein vernünftiger Mensch
handelt nach seiner Ueberzeugung, und läßt andere
davon reden, was ihnen beliebt, und was ihnen
bey der Armuth eigener Gedanken und bey dem Ver=
fall der Handlung zur Ausfüllung der vielfältigen
müssigen Stunden dienen kann. Besser denkende
und billige Leser aber bitte ich in allem Ernst um
Verzeihung, daß ich sie mit dieser Kleinigkeit auf=
gehalten habe, welche zu einiger Weisung derer, die
mit ihrem Mund Vorwitz treiben, nothwendig war.
Damit aber diese Leute doch auch ein wenig gestraft
werden, so sollen sie, wofern es ihnen anders nach ih=
rem weisen Gutdünken nicht beliebt hat zu pränumeri=
ren, alsdann, wann sie stat dessen ein Exemplar
kaufen wollen, dasselbe etwas theurer bezahlen:
und dieser Ueberschuß soll zuverlässig zum Besten
der Armen angewandt werden. Eine so empfind=
liche Rache hatten sie wol nicht vermuthet.

§. 8.

Ich wende mich nun zuvörderst zu der Vorrede
des Herrn Seniors. Er sagt darin zuerst, seine
Schrift sey von ihm nach seiner Ueberzeugung vor
Gott und nach Maasgebung des Worts der ewi=
gen Wahrheit abgefaßt. Ich will das erstere gern

glau=

glauben: denn das ist die Pflicht eines ieden ehrli=
chen Schriftstellers, daß er so schreibe, wie er über=
zeugt ist. Nur bitte ich auch alle ehrliche Leser,
daraus nicht die Folge zu ziehen, daß eine solche
Ueberzeugung darum schon gegründet richtig und
unwiederleglich sey. Es könnten einige zu dieser
Folgerung durch den Zusatz: Ueberzeugung vor
Gott verleitet werden. Allein auch der beweiset
das nicht. Auch eine irrige Ueberzeugung eines
ehrlichen Mannes geschiehet vor Gott, das ist nicht
allein in seiner Gegenwart, sondern auch in der ste=
ten Erinnerung an diese seine Gegenwart und All=
wissenheit. Aber dadurch wird sie noch keine wahre
untrügliche Ueberzeugung. Zu dieser sehr übereil=
ten und viel zu günstigen Meinung könnten einige
ferner durch den zweten Zusatz des Herrn Seniors
verleitet werden: daß seine Behauptungen nach
Maasgebung des Worts der ewigen Wahrheit,
oder, wie es bald darauf heißt, nach den Grund=
sätzen des göttlichen Worts abgefaßt sind. Sie
könnten sagen: also sind ja alle Sätze, welche der
Herr Senior in seiner Schrift behauptet, wahr,
weil sie aus Gottes Wort genommen sind. Und
sie könnten sich in dieser günstigen Meinung noch

mehr

mehr dadurch beſtätigen, weil in dieſer Schrift wirk:
lich Stellen aus der Bibel vorkommen: wie ich
den weiß, daß ein gewiſſer Mann bey der Erbli:
ckung dieſer angeführten Stellen ausrief: alſo hat
ja der Herr Senior aus Gottes Wort bewieſen, daß
die Schauſpiele ſündlich ſind. Allein vernünftige
Leute werden einſehen, wie voreilig dergleichen Fol:
gerungen ſind. Denn einmahl können die Worte
des Herrn Seniors nichts anders als dieſes anzei:
gen: er glaube, daß alle ſeine Behauptungen
nach Maaßgebung des Worts der ewigen Wahr:
heit abgefaßt ſeind: wie ieder redlicher Schriftſtel:
ler in ſolchem Fall glauben wird. Ob ſie es aber
wirklich ſind, das kann durch ſolche eigene Ueber:
zeugung noch nicht ausgemacht werden. Denn
auch der feſteſte Glaube dieſer Art kann, ſo lange
wir Menſchen bleiben, irrig ſein. Zweitens be:
weiſen die vorkommenden Stellen der Bibel nicht
ſchlechterdings die Wahrheit der dabey ſtehenden
Sätze. Es bleibt immer noch die Frage übrig, ob
dieſe aus jenen auch gehörig gefolgert ſind. Und
das muß ieder unpartheiiſcher Leſer nach ſeiner beſten
Einſicht genau unterſuchen.

Der

Der Herr Senior setzt fürs andere den möglichen Fall, daß er um dieser seiner Schrift willen
Schmach leiden werde. Und er erklärt sich hierüber gleich darauf deutlicher, daß er dadurch die
Anfälle der Pasquillanten einiger Bibliotheken-
Zeitungs- und Chartequenschreiber verstehe. Von
diesem Register müssen zuvörderst ausgenommen
werden die gelehrten Artikel der Hamburgschen po-
litischen Zeitungen, weil in denselben nichts von
dieser Streitigkeit vorkommen, und also der Herr
Senior weder gelobt noch getadelt werden darf.
Ferner sind davon ausgenommen solche Beurtheilungen desselben (sie mögen vorkommen in welchen
Bibliotheken sie wollen) da man mit deutlich dar-
gestellten Gründen anzeigt, was man an der Schrift
des Herrn Seniors auszusetzen habe, und dieses
mit aller gebührenden Anständigkeit thut. Denn
dadurch leidet der Herr Senior keine Schmach,
sondern erfährt nur, wozu ieder Schriftsteller
ieden seiner Leser berechtigt. Was der Herr Senior aber durch Anfälle der Chartequenschreiber verstehe, weiß ich nicht, und kann also auch nicht sagen, wiefern dieselben eine Schmach für ihn
sein würden. Was endlich die Anfälle der Pas-
quillan-

quillanten betrifft; so wird ieder ehrlicher Mann.
sie eben so sehr verabscheuen als der Herr Senior
nur immer thun kann. Ich habe diese Anmerkung
um deßwillen gemacht, weil sonst einige nicht sehr
einsichtsvolle Leute glauben könnten, es werde durch
iede nun etwa herauskommende Wiederlegung der
Schrift des Herrn Seniors ihm Schmach ange-
than. Keineswegs.

Fürs dritte sagt der Herr Senior, er werde
iene Blätter nicht des Ansehens würdigen. Das
kann höchstens nur von Pasquillen und boshaften
Beurtheilungen gelten. Denn die andern zu lesen
ist der Herr Senior verpflichtet, damit er sie mit
seinen Sätzen vergleiche, und einsehe, ob er noch
immer recht oder ob er sich geirrt habe. Es ist auch
zu hoffen, daß er sie ansehen und lesen werde: da er
sonst in seinen Schriften hin und wieder die gelehrten
Artikel der Zeitungen und die Recensionen der Bibliotheken gelegentlich angeführt und beurtheilt hat.

Viertens. Der Herr Senior verspricht, für
die, von welchen die vorhin genannte Anfälle herrühren möchten, zu beten, wie Jesus für seine
Mörder gebetet hat. Unterschiedliche Leser haben
diesen Ausdruck sehr unrecht verstanden, und dem

Herrn

Herrn Senior aufgebürdet, er gebe hiedurch zu
verstehen, daß er sich in dieser Sache für so un=
schuldig halte, als Jesus unter den Verfolgungen
war, und daß er seinen Gegnern die Absicht zu=
traue, ihn so zu kränken, daß er darüber seine
Gesundheit und sein Leben aufopfern werde. Al=
lein das kann die Meinung des Herrn Seniors
nicht sein. Das erstere wird er so wenig als irgend
ein anderer Mensch mit Zuverlässigkeit von sich sa=
gen können, und das andere würde sehr lieblos ge=
dacht sein. Der wahre Sinn der Worte des Herrn
Seniors ist also vermuthlich dieser: Wenn einige
mich wegen dieser Schrift ungerecht und ungesittet
beurtheilen sollten; so werde ich zwar ihr Verfahren
misbilligen, aber darum keine Feindschaft gegen
sie hegen; sondern in der Vermuthung, daß sie
nach einem irrenden Gewissen handeln, für sie be=
ten. Diese Erklärung ist christlich, und der Herr
Senior wird sie eben so in Ansehung seiner Gegner,
als diese in Ansehung seiner thun, ohne Tadel zu
verdienen.

Fünftens. In der Folge redet der Herr Senior
noch von zwo andern Klassen seiner Gegner, wel=
che er wegen seiner Schrift bekommen könne.

Von

Von der erſten Klaſſe ſchreibt er ſo: Sollten
aber ſelbſt Männer von meinem Orden meine
Wiederſacher werden. Man hat hierin den
Gedanken finden wollen: Es ſey kaum zu vermuthen, daß dieſes geſchehen werde. Allein das kann
der Herr Senior nicht dabey gedacht haben. Denn
fürs erſte iſt es weder unmöglich noch unanſtändig
noch ungewöhnlich, daß ein Prediger in manchen
Dingen anderer Meinung ſey als ſein Amptsbruder, und daß er dieſes öffentlich bezeuge. Sie ſind
beide Menſchen, und alſo iſt eine Sache darum
noch nicht wahr und unwiederleglich, weil einer
von ihnen ſie behauptet hat. Fürs andere enthält
ein gelehrter Streit ſelbſt zwiſchen Predigern nichts
anſtöſſiges, vielmehr iſt ieder derſelben verbunden, den andern, wenn er geirrt hat, zurecht zu
weiſen, theils damit ſeine Irrthümer nicht weiter
ausgebreitet werden, theils damit andere einſehen,
daß ein Prediger nicht untrüglich ſey, und damit
ſie ihm nicht um ſeiner Perſon willen, ſondern nach
Maaßgebung der Gründlichkeit ſeines Vortrags,
Beifall geben. Wenn indeſſen iemand ſo ſchlieſſen
wollte: Alle die Prediger, welche bey dieſer Schrift
des Herrn Seniors ſchweigen, und nichts dagegen

durch

durch den Druck bekannt machen, sind seiner Mei=
nung; so würde der Schluß sehr voreilig und falsch
sein. ·Die Herren können im Herzen sehr von sei=
nen Sätzen abgehen: und sie können zugleich ihre
Ursachen haben, wodurch sie abgehalten werden,
ihre Abweichungen drucken zu lassen.

Die andere Klasse der Gegner bezeichnet der Hr.
Senior folgendermaßen: Sollten andere das Ver=
halten der Lehrer, welches ich in dem zweyten
Theile dieser Abhandlung, nach den Grundsä=
tzen des göttlichen Wortes, für unverantwortlich
erklärt habe, zu vertheidigen sich unterfangen.
Zuerst kann der Ausdruck: sich unterfangen, dar=
um anstößig sein, weil er nicht bey solchen Geg=
nern gebraucht worden, die selbst Prediger sind:
gleich als ob der Herr Senior meinte, ihnen als
seines gleichen sey es zur Noth erlaubt, seine Geg=
ner zu werden: aber wenn andere es thäten; so sey
das eine Verwegenheit. Allein das ist wol nicht
sein wahrer Sinn, wenigstens würde er unrichtig
sein. In dem Gebiet der Wissenschaften hat
ieder gleiches Recht seine Gedanken nach Ueberzeu=
gung zu sagen; da gilt keine Subordinazion, de=
ren Verabsäumung verdiente ein Unterfangen ge=

nannt

nannt zu werden. Fürs andere muß man über=
haupt dieses hier von dem Herrn Senior gebrauchte
Wort aus der Verbindung erklären. Er setzt vor=
aus, seine Sätze in dem andern Theil seiner Ab=
handlung seind nach den Grundsätzen des göttlichen
Worts abgefaßt; und nun nennt er die Bemühun=
gen seiner Gegner ein Unterfangen. Hat er nun
in jener günstigen Meinung von sich Recht; so hat
er es auch in dieser Benennung. Indessen ist dar=
um gar nicht iedes Bemühen anderer, die Meinun=
gen des Herrn Seniors zu berichtigen, eine Ver=
wegenheit. Denn ohne Zweifel werden sie vorher
überzeugt seyn, daß diese Meinungen unrichtig und
nicht, wie er glaubt, nach den Grundsätzen des
göttlichen Worts abgefaßt sind. Alsdenn ist ihre
Wiederlegung nicht Verwegenheit, sondern ein
Unternehmen, zu welchem sie völliges Recht und
gewissermassen Verpflichtung haben. Und hieher
rechne ich mich und meine Beantwortung der Schrift
des Herrn Seniors.

Sechstens. Der Herr Senior kündigt nun de=
nen, welche in dieser Sache wieder ihn schreiben
werden, das Schicksal ihrer Schriften an. Er
will sie mit seiner Schrift zusammen auf Reisen schi=
cken.

cken. Und wohin: nach lutherschen und refor=
mirten Universitäten. Und zu wem: zu den theo=
logschen Fakultäten derselben. Diese sollen ihre
theologsche Gutachten darüber ertheilen, welche der
Herr Senior alsdann dem Druck übergeben will.
Für einige Leser muß ich hiebey anmerken, daß eine
theologsche Fakultät nichts anders ist, als eine An=
zahl von drey oder vier Männern, welche sich der
Gottesgelahrtheit widmen und dieselbe andern vor=
tragen. Also diese Theologen sind blosse Menschen,
ihre Aussprüche sind nicht von Gott eingegeben und
nicht untrüglich, sie können eben sowohl irren, als
der Herr Senior und seine Gegner. Folglich wenn
sie auch alle in dieser Sache herauskommende Schrif=
ten lesen und darüber ihr Urtheil fällen; so thun sie
das entweder mit deutlich und vollständig angege=
benen Ursachen, warum sie so urtheilen, oder ohne
dieselben. Im letzten Fall würden sie gar keine
Aufmerksamkeit verdienen. Denn Machtsprüche
gelten in keinem Theil der Gelehrsamkeit. Im er=
sten Fall aber muß ieder Leser ihre Beurtheilung
eben so genau prüfen, als die Schrift des Herrn Se=
niors und die Gegenschriften. Ihre Urtheile, sie
mögen nun fallen auf welche Seite sie wollen, müß=

sen

fen von keinem unpartheiischen Lefer als entscheidend
angenommen werden, ehe er fie geprüft und richtig
befunden hat. Da diese Forderung so billig als
nothwendig ist, und kein vernünftiger Mensch sich
ihr entgegen setzen wird; so bin ich mit der ange-
kündigten Reise auch meiner Schrift auf die Universitäten sehr wohl zufrieden, und wünsche nur,
daß die Absicht, nehmlich die Entdeckung der Wahrheit, dadurch möge erhalten werden. Aber die Erlaubniß bitte ich mir schon voraus von allen Herren
ieder theologischen Fakultät aus, denen sie zu Ge-
sicht kommen wird, daß, wenn ich in ihren Aussprüchen nach meiner Ueberzeugung Unrichtigkeiten
finde, ich mit eben der anständigen Freimüthigkeit,
mit welcher ich iezt den Herrn Senior beurtheile,
auch sie beurtheilen dürfe. Vielleicht finden einige
meiner Leser alle diese Anmerkungen überflüssig, da
sie von keinem leicht in Zweifel gezogen werden. Allein ich muß ihnen sagen, daß sie irren. Es sind
Leute, welche sich von den theologschen Fakultäten
entweder gar keine oder ganz unrichtige Begriffe gemacht haben. Andere haben die Ankündigung des
Herrn Seniors als eine Drohung angesehn, welche
ieden Menschen abschrecken müste, sein Gegner zu
werden.

werden. Ein gewiſſer Mann, welcher nicht völlig ſo viel weiß, als er zu wiſſen glaubt, und nicht
völlig ſo vernünftig iſt, als er zu ſein ſich einbildet,
hörte, daß ich die Schrift des Herrn Seniors beant-
worten wollte. Wie, fuhr er auf, der Herr Profeſſor
will ſich unterſtehen, wieder das Oberhaupt der chriſtlichen Kirche in Hamburg und wieder alle theologſche Fakultäten zu ſchreiben? Das Urtheil muß
luſtig anzuhören geweſen ſein. Wenigſtens iſt es
ſehr thörigt: wie aus dem erhellet, was ich bisher geſagt habe. Ueberhaupt aber kann ich
nicht leugnen, ich wünſchte, daß der Senior
dieſe ganze Stelle weggelaſſen hätte. Denn einfältige Leute werden durch dieſelbe leicht zu dem
Gedanken veranlaßt, der Herr Senior ſey ſchon
voraus überzeugt, daß die Herren einiger theolog-
ſchen Fakultäten auf ſeiner Seite ſein würden, weil
ſie doch wol nicht gern ihm als einem angeſehnem
und berühmtem Geiſtlichen, und als dem erſtem Mitglied eines groſſen Miniſterium abſtünden. Nun
aber wird der Herr Senior ſelbſt dieſen Gedanken
ſehr ungern ſehen, weil er Vorurtheile und Par-
theilichkeit enthält, und eine aufrichtige und genaue
Unterſuchung verhindert. Fürs andere iſt bey die-

ſer

fer Sache eine Bedenklichkeit, welche Kennern theo-
logscher Fakultäten gewiß einfallen wird. Die
Herren Theologen auf Universitäten sind gewiß nicht
nothwendig wahre Kenner der Schauspiele. Denn
einmahl ist nicht ausgemacht, daß ihnen in ihren
jüngern Jahren eine wahre Liebe zu den schönen
Wissenschaften eingeflößt sey, und sie dieselbe ernährt
und ausgebildet haben. Vielleicht haben sie also
wenig oder gar keine gute Schauspiele gelesen, oder
wenigstens sie nicht recht beurtheilen können. Zweitens ist eben so wenig ausgemacht, ob sie iemahls,
geschweige oft, bey der Aufführung der Schauspiele
gegenwärtig gewesen sind. Denn aus grossen Städ-
ten, wo wirklich grosse Schauplätze sind, pflegen
nicht leicht Gelehrte den langen Weg zu dem müh-
samem und mit grossen Unbequemlichkeiten verknüpf-
tem theologischem Lehramt auf einer Universität ein-
zuschlagen oder dahin berufen zu werden, und auf
Universitäten selbst sind wegen vieler Ursachen fast
gar keine grosse Schauplätze zu Stand zu bringen.
Leipzig ist meines Wissens unter allen teutschen Aka-
demien hievon die einzige Ausnahme: und auch da
werden die Herren der theologschen Fakultät wol
selten und vielleicht gar nicht den Schauplatz besu-

D   chen.

chen. Wiefern nun unter diesen Umständen eine
gründliche Beurtheilung der heutigen teutschen
Schaubühne und der damit von dem Herrn Senior
verbundenen Materien von allen theologischen Fakultäten zu erwarten sey, überlasse ich iedem zu
untersuchen.

Siebentens. Der letzte Theil der Vorrede des
Herrn Seniors enthält einen sehr christlichen Wunsch,
welchem für sich genommen ich mit aufrichtigem Herzen beipflichte. Aber ich fürchte zugleich, daß einige Ausdrücke desselben an diesem Ort sehr können gemisbraucht werden. Daher ist es, wie ich glaube,
nöthig, dafür zu warnen. Fürs erste sagt der
Herr Senior: der Gott der Wahrheit, dessen
Wille unsere Heiligung ist, steure dem so gewaltig einreissenden schröcklichen Verderben. Wie
hart ist der Ausdruck: gewaltig einreissendes schröck-
liches Verderben, wenn er das, was er in der
Verbindung nothwendig andeuten muß, nach dem
Sinn des Herrn Seniors wirklich andeuten soll,
nehmlich die Besuchung der Schauspiele, und die
Verfertigung und Vertheidigung derselben von Geistlichen! Wie verächtlich wird hiedurch so vielen
begegnet, welche fürwahr aus guter Absicht Schauspiele

spiele lesen und sehen, und ihre Absicht vielmahls
erreichen! Und wie unanständig ist diese Sticheley
des Herrn Seniors auf seinen Amptsbruder, den
Herrn Past. Schlosser, welchen sie offenbar treffen
soll, da dieser grade der Mann ist, welchen der Herr
Senior in der ganzen Abhandlung und besonders
in dem zweten Theil angreift! So werden ganz gewiß viele Leser urtheilen: und der Herr Senior ver-
anlasset sie dazu sehr stark. Kann oder darf ihm
dieses lieb sein?

Fürs andere wünscht der Herr Senior, daß
wahre Christen vielmehr Wittwen und Waisen
in ihrer Trübsal besuchen, als die Kinder dieser
Welt durch ihre Gegenwart bey den Lustbarkeiten derselben und durch Theilnehmung daran in
ihrer Eitelkeit bestärken mögen. Der letzte Theil
dieses Wunsches soll offenbar wiederum die Schauspiele zwar wol nicht allein aber doch mit treffen.
Allein er trifft sie nicht eher, als bis bewiesen ist,
daß sie eitel und unnütz oder gar sündlich sind. Da
nun dieses zu beweisen der Herr Senior erst in der
Folge sich bemüht hat, und da ich glaube, daß ihm
sein Bemühen nicht gelungen ist; so bitte ich meine
Leser, den Wunsch des Herrn Seniors in jener Be-

D 2

deutung,

deutung, daß sie dabey an die Schauspiele denken,
so lange nicht nachzusprechen, als sie noch nicht
überzeugt sind, daß er in seiner ganzen Meinung
von denselben Recht habe. Was aber den ersten
Theil desselben betrifft, daß wahre Christen vielmehr Wittwen und Waisen in ihrer Trübsal besuchen mögen; so wird iedermann einsehen, daß
dieses mit der Besuchung guter Schauspiele sehr
wohl bestehen könne. Sollte aber ein solcher Fall
sein, da ein rechtschaffener Christ eben zu der Zeit,
wann er ein gutes Schauspiel sehen wollte, veranlaßt würde, verlassene Wittwen und Waisen zu
trösten und durch Rath und That ihnen zu helfen,
und sollte dieses letztere keinen Aufschub leiden; so
versteht sichs von selbst, daß das vorgehen müsse,
und er wird sich keinen Augenblick darauf bedenken.
Wie also zu wünschen wäre, daß der Herr Senior hier seine Meinung etwas bestimmter und in
der vorhin bemerkten Stelle etwas gelinder ausge-
druckt hätte; so möchte ich überhaupt wol eine ganz
andere Einkleidung derselben gewünscht haben. Es
würde alsdenn die Anmerkung verhütet sein, welche
so viele bey dieser Stelle gemacht haben, und welche dem Herrn Senior gewiß nicht hat angenehm

sein

sein können. Sie sagen: wenn der Herr Senior
so sehr wünschet, daß wahre Christen Wittwen und
Waisen in ihrem Trübsal besuchen, sich ihrer an=
nehmen, sie trösten, und sie durch einen freundlichen
Zuspruch und Beistand erquicken; wie ist es ihm
selbst möglich gewesen, der rechtschaffenen Wittwe,
welche ihm am nächsten wohnet und ihm um ihres
seligen Mannes willen vorzüglich wehrt sein muß,
der Frau Pastorin Schlosser, durch harte und un=
billige Angriffe auf ihren Sohn so manche Krän=
kung zu verursachen! Wie ist es ihm möglich ge=
wesen, die Wittwe seines ehemahligen Amptsbru=
ders und genauen Freundes, die Frau Pastorin
Zimmermann, durch eine auf der Kanzel und sehr
charakteristisch gemachte Sticheley auf die doch ge=
wiß nicht anstössige Kleidung und Aufführung ihrer
Tochter zu kränken, und, damit seine Absicht ge=
wiß erreicht werde, in Gesellschaften zu denen, wel=
che jene offenbar gnug veranlaßte Deutung doch
noch nicht wagen wollten, ausdrücklich zu sagen,
daß er die Tochter der Frau Wittwe Zimmermann
gemeint habe. Wie konnte der Herr Senior sich
diese zwiefache öffentliche Beschimpfung (denn das
sollte sie doch gewiß sein und das ist sie auch in den

Augen

Augen geblendter und partheiiſcher Leute geworden)
erlauben, da er das, was er an dieſen Perſonen
zu tadeln fand, ihnen mündlich oder durch einen
Brief eben ſo gründlich hätte ſagen, und das viel-
fältige Aergerniß und die ſehr wichtigen böſen Folgen vermeiden können, welche er nun verurſacht
hat! So lautet das Urtheil anderer über den Herrn
Senior. Ich finde keine Verpflichtung, meine
Meinung hierüber zu ſagen. Aber das wird mir
ieder, welcher mich kennet, leicht zutrauen, daß
mir dieſe ganze Sache ſehr traurig geweſen iſt: und
ich vermuthe bey allen ehrlichen und zärtlichdenken-
den Menſchen dieſelbe Geſinnung.

Endlich wünſcht der Herr Senior, daß alle
wahre Chriſten ſich von der Welt unbefleckt erhalten mögen. Wenn er hiedurch die Enthaltung von unnützen und ſchädlichen Geſchäften
Zerſtreuungen und Luſtbarkeiten und von der Be-
friedigung unerlaubter Neigungen verſteht; ſo
unterſchreibe ich ſeinen* Wunſch: und ieder
rechtſchaffener Chriſt wird es ebenfalls thun.
Wenn er aber die Enthaltung von Schauſpielen
hierunter ſchlechterdings und ohne Einſchränkung
verſteht, und alle vorhandene und aufgeführte

Schau-

Schauspiele für moralischen Beflecfungen hält; so kann ich seinen Wunsch in diesem Sinn nicht thun, sondern muß vielmehr gestehen, daß ich überzeugt bin, daß der Geist Gottes mit diesem dem Apostel Jakobus Kap. 1 v. 27. in den Mund gelegten Worten hierauf nicht gezielt habe.

§. 9.

Ich komme nun zu der Schrift des Herrn Seniors selbst, in deren Beurtheilung ich mich so kurz als möglich fassen und also nur diejenigen Stücke berühren werde, auf welche es entweder vorzüglich ankommt, oder welche flüchtigen Lesern leicht entwischen möchten, oder welche, ohne eine genauere Beleuchtung zu haben, unrichtig verstanden werden können.

Bey dem ersten §. nehme ich mir abermahls die Freiheit zu erinnern, daß der Herr Senior ein gar zu starkes und ungezweifeltes Zutrauen zu allen seinen Sätzen äussert, indem er sagt: „er habe in „der Ausarbeitung seines Aufsatzes auf keinen an- „dern Grund gebauet, als auf die Grundsätze des „göttlichen Wortes und der darin geoffenbarten „Sittenlehre," und indem er in den beiden letzten Perioden dieses ersten Paragraph von seinen Geg-

nern,

nern, welche etwa aufstehen möchten, so gar verächt=
lich spricht. Beides sollte nicht sein. Sein Zu=
trauen zu sich und seine Geringschätzung anderer
beweisen so wenig die Wahrheit seiner Meinungen,
als sie bey denkenden Lesern eine Empfehlung für ihn
sind. Auch ist der Erfolg ganz anders gewesen, als
der Herr Senior sich vorgestellt hat. Er weissagt
sich ausdrücklich „den Beifall solcher Leser, welche
„seine Schrift nach der Sittenlehre des göttlichen
„Worts beurtheilen werden.“ Gleichwol wenn er
die Urtheile, welche über seine Schrift von ihrer
Bekanntmachung an bis hieher fast allgemein gefällt
sind, so hörte als andere, welche mehr Gelegenheit da=
zu haben; so würde er finden, daß Kenner der Schau=
bühne, und billig denkende Menschen, und recht=
schaffene Christen, und redliche Gottesgelehrte und
Prediger sein Unternehmen äusserst tadeln, und von
ganzem Herzen wünschen, daß er nie den Anschlag
gefaßt hätte, von Schauspielen zu schreiben. Daß
ich nicht etwa dieses vorgebe, um meiner Schrift
eine Empfehlung mitzugeben, sondern daß das Wahr=
heit sey, davon würden die glaubwürdigen Zeugen,
wenn es nöthig wäre, sehr leicht aufzustellen sein.

§. 10.

An dem Ende des erſten Paragraph, und in dem zweeten und ſonſt hin und wieder ziehet der Herr Senior die Göttin Diana hieher, welche in Epheſus vorzüglich verehrt wurde. Sie mag ſich wundern, wie ſie an dieſem Ort zu ſtehen kommt, wo die Erwehnung derſelben nichts das Geringſte zur Erläuterung und Entſcheidung der vorhandenen Streitigkeit beiträgt. Solche Vergleichungen machen den Vortrag ohne Noth weitläuftig, und erwecken unbrauchbare Nebenbegriffe. Eben dieſes gilt von den im 2 §. angeführten Nahmen: Elymas, Simon Magus, Hymenäus, Philetus und Judas, welche bey der Unterſuchung von der Sittlichkeit der Schaubühne ganz fremd und ſehr entbehrlich ſind. Ob, wie einige glauben, der Herr Senior auch durch bloſſe Benennungen ſeine Gegner habe wollen verächtlich machen, laſſe ich dahin geſtellt ſein. Anſtändig würde es eben ſo wenig, als bey vernünftigen Leuten zur Erreichung ſeiner Abſicht beförderlich ſein. Die Leſer können alſo mit gutem Gewiſſen und ohne den geringſten Nachtheil alle die Stellen der Schrift des Herrn

Seniors

Seniors überſchlagen, in welchen er von der groſſen Diana und jenen Nahmen redet.

§. 11.

In dem Anfang des zweeten Paragraph klagt der
„Herr Senior über verderbte Zeiten, in welchen
„wir leben, weil ietzt die chriſtliche Religion ſo viel-
„fältig angegriffen und ſo wenig vertheidigt wird.„
Ich weiß nicht, ob die Klage ganz gegründet iſt,
und ob ſie eigentlich hieher gehört. Aber das weiß
ich, daß lange vor unſern Zeiten die Angriffe auf
die chriſtliche Religion eben ſo häufig und noch viel
ſtärker als ietzt gemacht ſind, und daß vielleicht kein
Jahrhundert kann angeführt werden, in welchem
innerhalb ſiebenzig Jahren mehr gründliche Vertheidigungen des Chriſtenthums geſchehn ſind, als
das Jahrhundert, worin wir leben. Und das weiß
ich auch, daß dieſe Klage des Herrn Seniors und
der gleich folgende Zuſatz von den Wiederſachern
und Vertheidigern der chriſtlichen Religion gar leicht
kann gemiſbraucht werden. Einfältige Leute können glauben: es komme in der gegenwärtigen Streitigkeit die Religion mit ins Spiel; die, welche ſich
der Schauſpiele annehmen, möchten es wol mit dem
Chriſtenthum deſto weniger redlich meinen, und der

Herr

Herr Senior ſtreite auch hier gewiſſermaſſen für daſ=
ſelbe wieder ſie. Für dieſer ganz irrigen Meinung
laſſe ſich ieder gutdenkender Leſer warnen. Der
Herr Senior kann gewiß nicht mehr für die chriſt=
liche Religion eingenommen ſein, als ich es bin und
viele andere ſind, wenn ſie gleich mit mir von Schau=
ſpielen beſſere Gedanken, als er, haben.

In eben dieſem zweten Paragraph ſchildert der
Herr Senior die Gegner der chriſtlichen Religion,
mit welchen ein Vertheidiger der Wahrheit nicht
eben aufs ſäuberlichſte umgegangen ſey, mit ſehr
ſchwarzen Farben. Er legt ihnen feindſelige Ge=
ſinnungen Bosheit und Treuloſigkeit bey. Hier
hätte er die Leute, welche er meint, nennen ſollen,
theils um unrichtigen Deutungen vorzukommen,
theils damit ſie ſelbſt wüſten, daß ſie beſchuldigt
worden, und ſich alſo verantworten könnten. Es
iſt gar nicht fein, dergleichen unbeſtimmten Ver=
dacht zu erregen, und mit ſolchen Sticheleien um
ſich zu werfen. Imgleichen iſt ſehr unverſtändlich,
was das heiſſen ſoll: ein Vertheidiger der Wahr=
heit habe mit Gegnern nicht aufs ſäuberlichſte ver=
fahren. Soll es einen blos ernſtlichen redlichen
ungeſchminkten und dreiſten Streit wieder ſie anzei=
gen;

gen; so ist ganz unnatürlich und unglaublich, was
der Herr Senior davon behauptet, daß diese um deß=
willen ihren Gegner einen Verfolger und Menschen=
feind genannt hätten, und daß dieses noch die ge=
ringsten Schimpfnahmen gewesen wären. Heißt
aber jene Redensart soviel, es hat mancher, wel=
cher sich für einen Verfechter der Wahrheit hielt,
andere, welche nicht seiner Meinung waren, auf
eine boshafte und ungesittete Art angegriffen, und
ihr Glück ihre Ehre und die Frucht ihrer redlichen
Arbeiten zu zernichten gesucht; so sehe ich nicht ein,
warum der Herr Senior sich über den wohlverdien=
ten Nahmen eines Verfolgers und Menschenfeindes
beschweren kann.

Aber vielleicht sehe ich die eigentliche Absicht die=
ses sonderbaren und hier gewiß von keinem Leser ver=
mutheten Eingangs des Herrn Seniors deutlich ein.
Bey dem Uebergang seines Vortrags zur Beurthei=
lung der vor einem halben Jahr geführten Streitig=
keit über den Wehrt der Schauspiele sollten etwa
die Leser auf jenen Eingang zurücksehen, und das,
was da von einem Verfechter der christlichen Reli=
gion gesagt ist, auf den deuten, welcher sich den
Schauspielen so heftig wiedersetzt, und die Verfer=
tiger

tiger derselben, besonders wenn sie Geistliche sind,
so ungebührlich angegriffen hat. Seine Gegner
sollte man mit den vorhin genannten Gegnern des
Christenthums vergleichen, welche als feindselige
boshafte und treulose Menschen abgemahlt waren.
Und seinen verdienten Schimpf sollte man ungefähr
so ansehen, wie die jenem Verfechter der Wahrheit
unverdienterweise beigelegten Schimpfnahmen.

Es ist in diesem zweeten Paragraph noch übrig,
die Art zu bemerken, wie der Herr Senior jenes
Streits wegen der Schauspiele des Herrn Pastor
Schlossers, in welchem ein Ungenannter ihn an;
griff und ich sein Vertheidiger ward, erwehnt.
Seine Worte sind diese: „Tritt aber jemand auf,
„und schreibt etwas, das der Schaubühne zum Nach;
„theile gereichet, das der theatralischen Muse die
„Schminke abwischet, und sie in ihrer wahren Ge;
„stalt darstellet; so geräth alles, nicht allein Zei;
„tungsschreiber und Journalisten, denn darüber
„würde sich niemand wundern, sondern auch Leute,
„welche auf den Nahmen der Gottesgelehrten einen
„Anspruch machen, in Bewegung. Alles, was
„eine aus den Schranken getretene Hitze nur immer
„ausschäumen kann, wird über einen solchen aus;
„geschüt;

„geschüttet, und die Vertheidiger dieser grossen Dia=
=na der heutigen heydnischen Welt können auf einen
„ausgebreiteten, und gleich ⬤ Strome daher
„rauschenden, Beifall ihrer Verehrer sichere Rech=
„nung machen.„ Es wäre bey dieser Stelle sehr
viel zu erinnern. Aber ich will alles kurz zusammen
fassen. Fürs erste kann der Herr Senior doch wol
nicht im Ernst glauben, daß der ungenannte Ver=
fasser jener beiden wieder Herrn Pastor Schlosser
gerichteten Zeitungsauffsätze der theatralschen Muse
die Schminke abgewischt habe. Die wirkliche
Muse des Theaters ist eine zusammengesetzte Per=
son, und besteht aus Genie, dichterschem Feuer,
gutem Geschmack, und richtiger Beurtheilung.
Bey diesen allen ist gar keine Schminke, und kann
also auch keine Schminke abgewischt werden. Ueber=
das hielten jene Zeitungsauffsätze sich so sehr und
ganz allein mit Nebendingen auf und waren so un=
gesittet, daß sie die theatralsche Muse gar nicht recht
bemerkten, und wenn sie sie auch bemerkt hätten,
ihr gewiß nicht hätten nahe kommen dürfen. Fürs
andere hat es dem Herrn Senior nicht beliebt zu sa=
gen, warum den die Verfasser der gelehrten Artikel
in unsern Zeitungen und der Rezensionen in Jour=

nalen

malen so nothwendig die Parthey der theatralschen
Muse nehmen, und warum er ihnen gar nicht zutrauen will, daß sie es aus Ueberzeugung thun.
Müssen den diese Leute schlechterdings unwissend und
partheilich oder aus andern Ursachen zur Abfassung
gründlicher Urtheile ungeschickt sein? Fürs dritte
habe ich den auch die Ehre, unter dem Titel eines
Menschen vorgeführt zu werden, welcher auf den
Nahmen eines Gottesgelehrten Anspruch macht,
und gleichwol (welch ein Verbrechen) in Bewegung kommt, wenn jemand der theatralschen Muse die Schminke abnimmt, das heißt,
deutlicher zu reden, wenn iemand den Herrn Pastor
Schlosser wegen seiner Verfertigung vier guter
Schauspiele auf die ungerechtste und ungesittetste Art
angreift. Zu meinem Anspruch auf den Nahmen
eines Gottesgelehrten hat der Herr Senior selbst
mich berechtigt, indem er vor zehn Jahren durch
ein angestelltes Examen mich unter die Zahl der Kandidaten des hiesigen Ministerium aufgenommen.
Und daß er diesen meinen Anspruch, welchen ich
noch immer, aber freilich mit aller aufrichtigen Er-
kenntniß meiner schwachen Einsichten, behaupte, mir
noch immer zugetraut, davon zeuget sein noch vor
einem

einem Jahr auf mich gesetztes Vertrauen, daß ich
seine Stelle auf der Kanzel vertreten könne. Ich
weiß also nicht, warum er hier dieses meines An-
spruchs auf den Nahmen eines Gottesgelehrten mit
einiger Befremdung erwehnet. Aber vielleicht betrifft seine Befremdung nicht den von mir behaupte-
ten Charakter so sehr als die Bewegung, in welche
ich mich durch jene zween auf Herrn Pastor Schlosser gerichtete Angriffe habe bringen lassen; daß sein
Sinn also dieser sey: er sehe nicht ein, warum ich
die Vertheidigung eines ehrlichen Mannes, des
Herrn Past. Schlossers, unternommen habe, da
derselbe wegen ehemahls verfertigter vier guter und
nützlicher Schauspiele von einem Ungenannten sehr
unbillig und hämisch angegriffen sey. Aber sollte
ein solches Unternehmen den Herrn Senior, welcher
schon als Christ und noch mehr als Prediger ein
Menschenfreund sein muß, befremden?. Viertens be-
ehrt der Senior mich ohne alles mein Verdienst mit
der Beschuldigung, daß ich auf jenen ungenannten Mann, „alles, was eine aus den Schranken
„getretene Hitze nur immer ausschäumen kann, aus-
„geschüttet habe.„ Ich wiederhole, was ich schon
vor einem halben Jahr in meiner Zugabe zu der
Ver-

Vertheidigung im 5 Paragraph in der 2 Anmerkung gesagt habe, und es ist die lauterste Wahrheit,
daß ich keine Zeile jener Vertheidigung in Hitze und
ohne gehörige Ueberlegung, vielmehr alles mit
wohlbedachtem Muth und nach meiner besten Ueberzeugung, geschrieben habe. Und bis hieher habe ich
noch keinen gefunden, welcher auf eine deutliche und
gründliche Art mir gezeigt hätte, daß ich auch nur
in einem Stück geirrt habe. Und noch immer kann
ich in meiner Vertheidigung keine Spur von Uebereilung finden, so unpartheiisch ich sie auch durchle-
sen mag. Ich wünschte also sehr, daß der Herr
Senior und ieder, welchem es auf ähnliche Art gefällig sein mag, mir dergleichen Vorwurf zu machen, die Güte haben möge, ihn zu beweisen, und,
wenn er mir die Stellen anzeigt, auf welche er zielet, meine Verantwortung zu hören. Was endlich fünftens der Herr Senior von einem rauschen-
dem Beifall sagt, welchen ich habe vorhersehen
können, und um dessen willen ich vielleicht die Vertheidigung des Herrn Past. Schlossers in Ansehung
seiner Schauspiele unternommen habe, das ist für
mich so gut, als ob es gar nicht gesagt wäre. Mein
Gewissen giebt mir das Zeugniß, daß ich aus der

E   redli-

redlichen Abſicht Herrn Schloſſer vertheidigt habe,
damit der böſe Eindruck gehoben werde, welchen
jene Zeitungsauffäße bey einem Theil ſeiner Gemeine
und auch bey andern wirklich gemacht hatten, und
gewiß noch mehr würden gemacht haben. Wer mir
das nicht zutraut, oder ſich wenigſtens ſo ſtellt,
als ob er mich wegen anderer Abſichten in Verdacht
habe, der kennt mich nicht oder will mich nicht ken=
nen: und ſein Urtheil iſt mir daher ſehr gleich=
gültig.

Was übrigens in dem zweten Paragraph des
Herrn Seniors vorkommt, trägt theils nichts zur
Entſcheidung unſerer Sache bey, theils handelt es
von dem Goldſchmied Demetrius in Epheſus und
von der groſſen Diana daſelbſt. Ich kann es da=
her unberührt, und ieder anderer kann es ungele=
ſen laſſen.

§. 12.

Der dritte Paragraph des Herrn Seniors be=
trifft gar nicht die heutige Schaubühne, ſondern
eine alte Geſchichte, welche Herr Löwe in ſeiner Ge=
ſchichte des teutſchen Theaters angeführt hat. Da=
her gehört ſie nicht zur Entſcheidung der Sache, über
welche

welche ich mit dem Herrn Senior streite: und ich
übergehe sie mit Recht.

§. 13.

In dem vierten Paragraph kommen ein Paar
bedenkliche Stellen vor.

Fürs erste sagt der Herr Senior: „Die Freunde
„des Theaters behaupten, es sey von dem Unsinn,
„welchen unsere Väter Comödie genannt haben,
„gegenwärtig keine Spur mehr auf dem Schau-
„platz zu finden, sondern die gegenwärtige
„Schaubühne sey völlig gereinigt.„ Bey welchem Schriftsteller der Herr Senior diese uneinge-
schränkte Behauptung gelesen habe, ist ihm nicht
gefällig anzumerken: welches aber sehr nützlich gewesen wäre, damit man sehen könne, er habe seinen Gegnern keine Meinung aufgebürdet, an welche sie vielleicht nicht gedacht haben. Was mich
betrifft, wieder den er doch auch hauptsächlich strei-
tet, so habe ich diese Behauptung nie geäussert, und
wage sie auch gewiß nicht. Sondern meine Meinung ist diese; Es werden in unsern Tagen hin und
wieder, insonderheit von der Kochschen Ackermannschen und Hannöverschen Gesellschaft, (denn diese
allein sind mir unter den Schauspielergesellschaften
E 2   bekannt)

bekannt) viele sehr gute und theils zu einer anstän=
digen Vergnügung theils zum wirklichen Nutzen
für das Herz ungemein geschickte Schauspiele auf=
geführt. Von dieser Art sind die Schlosserschen,
welche ich daher in solcher Absicht gerühmt habe.
Es trifft also mich gar nicht, was der Herr Senior
in der Folge sagt: „Sie vertheidigen eine Schau=
„bühne, welche nicht allein noch nicht ist, sondern
„auch nie wirklich werden wird, auch nie wirklich
„werden kann.„ Wenn nun der Herr Senior fort=
fährt: „Die Streitfrage muß demnach also einge=
„richtet werden u. s. w. so finde ich seine Einrich=
tung derselben gar nicht der Sache, worüber gestrit=
ten wird, und eben so wenig der durch meine Ver=
theidigung des Herrn Schlossers gegebenen Veran=
lassung angemessen: sondern darnach muß sie so heis=
sen: werden zu unsern Zeiten viele oder wenige
oder gar keine gute nützliche und zu einer anstän=
digen Ermunterung dienende Schauspiele auf=
geführt?

Fürs andere redet der Herr Senior „von dem
„Sieg der Vertheidiger der Schaubühne, und sti=
„chelt auf den Beifall des grossen Haufens, der al=
„lemahl auf die Seite tritt, wo seine Lüste ihre Rech=
nung

„nung am besten finden, welcher Beifall aber kein
„Sieg sey, und wenn er noch lauter rauschen sollte,
„als er bisher gerauscht hat.„ Wenn aller Vermuthung nach auch ich die Ehre habe, hiedurch gemeint
zu sein; so muß ich gestehen, daß dieser Stich nicht
recht getroffen und keine Wunde gemacht hat. Ich
habe die gute Sache des Herrn Pastors Schlossers
vertheidigt, und den Beifall der mehrsten Leser erhalten: das ist eine allgemein bekannte Sache. Nun
ist aber die Frage: hat der Herr Senior Recht, diese
mit dem Nahmen des grossen Haufens zu belegen,
welcher allemahl auf die Seite tritt, wo seine Lüste
ihre Rechnung am besten finden? Da tritt er so vielen rechtschaffenen Christen zu nahe, welche laut gesagt haben, daß sie meine Vertheidigung deswegen
billigen, weil ich als ein ehrlicher Mann mich bemüht habe, die unschuldig angegriffene Ehre meines
Nächsten zu retten und seiner guten Sache das Wort
zu reden. Und der Herr Senior wird die Fröm-
migkeit dieser Leute durch seinen verächtlichen Ausdruck zuverlässig nicht verdächtig machen. Ueberhaupt aber welch eine Folgerung: Ich vertheidige
einen Mann wegen seiner Verfertigung guter Schauspiele, und bey Gelegenheit zeige ich die Anständig-

E 3   keit

keit und den Wehrt solcher Schauspiele überhaupt, durch welche weder die Religion noch gute Sitten verletzt, vielmehr sanfte und edele Empfindungen erregt, und eine unschuldige Ermunterung verursacht werden. Also habe ich nicht bey vernünftigen Lesern, sondern bey unverständigen Leuten Beifall erhalten, und ihn nicht der Ueberzeugung meiner Leser, sondern dem Umstand zu danken, daß ich den Lüsten das Wort geredt habe! Wenn doch der Herr Senior nicht so geflissentlich Wendungen machte, welche von dem graden Weg abgehen, den doch ieder aufrichtiger Forscher der Wahrheit sorgfältig und unverändert gehen sollte!

§. 14.

In dem fünften Paragraph meint der Herr Senior die Unmöglichkeit des Nutzens auch der besten Schauspiele schon dadurch einigermassen zu erweisen, „weil es leicht sein könne, daß tugendhafte „Rollen von solchen Personen gespielt würden, wel= „che dem grössesten Theile der Zuschauer als laster= „hafte und nichtswürdige Leute bekannt sind.„ Hier= in wiederspreche ich dem Herrn Senior aus meiner und vieler mir bekannter Leute Erfahrung. Wir haben zuweilen grade den Fall gehabt, von welchem

der

der Herr Senior redet. Aber unsere Seele ist durch
die Vortrefflichkeit des Schauspiels und seiner Vorstellung so eingenommen worden, daß wir den Akteur
und die Aktrize ganz vergessen haben. Und auch
nach geendigtem Schauspiel sind bey ruhiger Erinnerung die Regungen und Gesinnungen unsers Herzens durch jenen Nebengedanken gar nicht gestört
worden. Ueberhaupt ist es eine nothwendige Ei-
genschaft des Dichters und Schauspielers, daß sie
den Zuhörer so sehr mit der Sache selbst beschäfti-
gen, daß er bey der Vorstellung an sie beide gar
nicht denkt. Daß dieses möglich sey, davon könnte
ich das Zeugniß von einer Menge Zuschauer mit
meinem eigenem zum Beweis bringen. Uebrigens
wünschte ich, daß der Herr Senior diese Einwen-
dung wieder den Nutzen guter Schauspiele gar nicht
gemacht hätte. Denn er hat dadurch manchen Leuten Gelegenheit gegeben, diese Folgerung zu machen:
Also muß auch wol der Nutzen guter Predigten in
grosser Gefahr sein. Denn wie leicht ist es nicht
möglich, daß wir einen Prediger eine an sich vielleicht erbauliche Predigt halten hören, welche nun
aber wenig Eindruck auf uns machen wird, da wir
bey dem Anhören und auch nachher stets daran den-

E 4

ken

ken werden, daß der Prediger selbst von der guten
Gesinnung weit entfernt ist, welche er so sehr empfieh=
let! Er empfiehlt Billigkeit und Menschenliebe in
der Beurtheilung des Nächsten, und verwirft das
lieblose Verdammen und das Splitterrichten:
und er selbst beurtheilet seinen Bruder sehr unge=
recht und ungesittet. Er ermahnt, Wittwen und
Waisen in ihrem Trübsal zu besuchen: und er selbst
macht ihnen allerley unbillige Trübsal. Er ermahnt
zur fleissigen Besuchung des Gottesdienstes vor=
züglich an dem Tag des HErrn. Und er selbst ver=
säumt ihn häufig und selbst dann, wann er von
Amptsgeschäften ganz frey ist. Er verlangt, daß
ein Prediger allen Fleiß und einen grossen Theil der
Woche auf seine zu haltende Predigten wende: und
er selbst rühmt sich vielfältig, daß er gewöhnlicher=
weise kaum zwo Stunden zur Verfertigung dersel=
ben anwende. Er empfiehlt ein emsiges Forschen
in der Schrift und unterstützt seine Empfehlung
durch eigene kritische Untersuchungen: und gleich=
wol mahlt er den, welcher mit aufrichtiger Freimü=
thigkeit und nach seiner besten Ueberzeugung ähnli=
che Untersuchungen der heiligen Schrift anstellt, öf=
sentlich mit den schwärzsten Farben ab, und ver=

folgt

folgt ihn so lange, bis dieſer, von Gott in Schuß
genommen und ſeinen Nachſtellungen entzogen, ſei:
ner nicht mehr bedarf, und nun auf einmahl von ihm
mit auſſerordentlichen Freundſchaftsbezeugungen be:
ehrt wird. Er verlangt von einem rechtſchaffenen
Chriſten Aufrichtigkeit und verdammt alle Doppel:
züngigkeit: und er ſelbſt verſichert wol iemand, daß
er ihm zu ſeiner Beförderung behülflich geweſen und
einen andern ebenfalls dazu überredt habe, da er
vielmehr dieſem allerley Bedenklichkeiten gegen je:
nen Menſchen einzuflöſſen geſucht hat. Er er:
mahnt zur redlichen Beobachtung des Gebots: Du
ſollt kein falſches Zeugniß reden wider deinen Näch:
ſten: und er ſelbſt ſendet Briefe an Auswärtige, in
welchen er rechtſchaffene Männer ungerecht und lieb:
los herumnimmt, ihnen hinter ihrem Rücken und ſo;
daß ſie ihre Beſchuldigungen nicht erfahren und al:
ſo keine Gelegenheit zur Vertheidigung haben, Sa:
chen andichtet, an welchen ſie unſchuldig ſind, und
ihre gute Handlungen ſo einkleidet, daß ſie leicht
können verdächtig werden.

§. 15.

In dem 7 § des Herrn Seniors heißt es: „die
„Freunde des Schauplatzes ſagen: er iſt ſeit dem

„1728 Jahr von allem dem Unsinn, von allen den
„Aergernissen, welche denselben vor diesen abscheu=
„lich machten, gereinigt." Ich ersuche meine Leser,
daß sie zur richtigen Beurtheilung dieser Stelle den
ersten Theil meines 13 § noch einmahl lesen.

Weiter heißt es: „Sie halten sich berechtigt,
„gegen diejenigen, welche hierin anders denken, die
„bittersten und härtesten Ausdrücke zu brauchen, zum
„Beweise, daß der Schauplatz an ihren eigenen
„Seelen die Wirkung noch nicht bewiesen habe,
„welche er den Seelen der blossen Zuschauer erwei=
„sen soll." Wenn dieser Pfeil mich wegen meiner
Vertheidigung des Herrn Schlossers gegen die un=
gerechtsten und ungesittetsten Angriffe treffen soll;
so muß ich aufrichtig sagen, daß er vorbeigeschossen
ist. Ich frage jeden ehrlichen Menschen, welcher
jene Angriffe und meine Vertheidigung sammt der
Zugabe gelesen hat: hatte der Mann, welcher die
Angriffe that, weniger, ja hatte er wol nicht noch
mehr verdient, als er von mir empfangen hat?

Drittens eifert der Herr Senior wieder die lu=
stigen Nachspiele und Pantomimen, welche auf
vollständige Schauspiele in der Vorstellung zu fol=
gen pflegen. Ich mag die Stelle, welche hievon
han=

handelt, nicht abschreiben, weil sie sehr lang ist: aber mit einigen Anmerkungen muß ich sie, damit sie berichtigt werde, begleiten. Fürs erste redet der Herr Senior sehr geringschätzig selbst von den Hauptspielen, indem er sie zwar moralisch gut nennet, aber nur sofern, als sie unter einer nachsehenden Kritik stehen. Wozu solche verächtliche Seitenblicke? Wenn der Herr Senior es verlangt; so will ich ihm eine grosse Anzahl von Schauspielen nennen, welche auch nach einer scharfen Kritik moralisch gut sind. Zweitens redet er eben so geringschätzig von den Eindrücken eines moralisch guten Hauptspiels, indem er sie wenig und schwach nennt. Ich behaupte das Gegentheil aus meiner eigenen öftern Erfahrung, von welcher ich in der Folge ein Beispiel anführen werde, und aus der häufigen Erfahrung anderer. Aber vielleicht wendet der Herr Senior in Ansehung des letztern ein, woher ich davon überzeugt sey, daß bey andern die Eindrücke eines guten Schauspiels stark und fruchtbar gewesen sind. Und da antworte ich ihm mit Wahrheit, ich habe Proben davon gesehn. Ein ganz neuerlich davon erlebtes Exempel mag ihn davon überführen. Ein hoffnungsvoller Jüngling,

welcher

welcher seit etlichen Jahren auf unserm Gymnasium
studiret, und mir wegen seines Fleisses und seines
Herzens vorzüglich werth ist, sollte am vorigen
Dienstag (ich schreibe dieses am 28 September) in
der Stunde, welche dem gelehrten mündlichen
Streit wöchentlich zweimahl unter meiner Aufsicht
gewidmet wird, der Gegner einer kleinen wohlaus-
gearbeiteten lateinschen Abhandlung eines ebenfalls
sehr würdigen Gymnasiasten sein. Die Abhandlung betraf die Liebe gegen die Feinde, wiefern sie
schon nach dem Gesetz der Natur Pflicht ist. Jener
sollte also wenigstens zur Uebung seines Witzes und
Verstandes auf eine Stunde das Gegentheil zu
erweisen suchen. An dem Freitag vorher kam er
früh zu mir, und ersuchte mich um einen Aufschub
auf etliche Tage, weil ihm die Zeit zur gehörigen
Vorbereitung fehle. Ich konnte ihn aber seiner
Bitte diesesmahl nicht gewähren, und ermunterte
ihn also, gleich die Hand ans Werk zu legen, und
erinnerte ihn an seine schon vor zwey Jahren bewie-
sene Fertigkeit im Disputiren. Er ließ sich das gefallen. Aber im Weggehen sagte er mit einer be-
scheidenen und liebenswürdigen Offenherzigkeit:
Aber was werde ich vorbringen? Ich bin gestern
Abends

Abends in dem erſten Schauſpiel der Ackermanſchen Geſellſchaft geweſen, ich habe die Rache vom Young geſehen, und ſie iſt mir ſo abſcheulich geworden, daß ich nicht im Stand bin, ihr auch nur zum Schein das Wort zu reden. Eine ſanfte Röthe ſtieg dem Jüngling ins Geſicht, da er das ſagte, und ſo eilte er von mir, damit ich nicht den Zuwachs derſelben ſehen ſollte. Mir aber war dieſe Sache unausſprechlich viel wehrt: und ich ſegnete heimlich das edele fühlende Herz eines Menſchen, den ich nun noch einmahl ſo lieb gewann, und dem ich, da er ſich der Theologie gewidmet hat, mit Zuverſicht weiſſage, daß, wenn er auf dieſem guten Weg fortfährt, Gott ſeinem Wohlgefallen an ihm haben, und ihn zu einem auserwählten Werkzeug ſeiner Menſchenliebe machen werde. Das Andenken dieſer Geſchichte rührt mich noch ietzt ſo ſehr, daß ich mich der Thränen nicht enthalten kann: und wer weiß, ob nicht eben dergleichen in den Augen einiger Menſchenfreunde, wenn ſie dieſes leſen, hervordringen! Den Herrn Senior aber mag ſie wenigſtens davon überzeugen, daß er von ſo manchen ehrlichen und gutdenkenden Zuſchauern der Schauſpiele viel zu unfreundlich urtheilet.

.theilet. Fürs dritte. Wenn, wie der Herr Senior
meinet, zu fürchten ist, daß durch ein lustiges
Nachspiel oder eine Pantomime die guten Ein=
drücke, welche das Hauptstück gemacht, gehoben
oder wenigstens geschwächt werden möchten; so kann
ja ieder Zuschauer, welcher dieses voraus fürchtet
oder bey dem Anfang eines solchen Nachspiels merkt,
aus dem Schauspielhaus weggehen, sobald es ihm
beliebt. Indessen kann ich den Herrn Senior ver=
sichern, daß die Gefahr lange nicht so groß ist, als
er zu fürchten scheint. Ich erinnere mich, daß
ich manchmahl nach den höchsten tragischen Haupt=
spielen lustige Nachspiele oder Pantomimen ge=
sehn, und gleichwol, sobald diese geendigt waren,
sie vergessen, blos an jene wichtigere Stücke zu=
rückgedacht, und noch lange nachher die stärksten
durch sie erregten Empfindungen behalten habe.
Fürs vierte „kann der Herr Senior nicht begreifen,
„was Pantomimen zur Erhöhung der Seelen der
„Bürger, zur Erweiterung ihrer Herzen, und zur
„Verbesserung der Sitten beitragen sollen“. Aber
welcher vernünftiger Mensch hat auch ie derglei=
chen behauptet? Die Hauptsache einer solchen Pan=
tomime, welche auf ein Hauptspiel zuweilen folgt,

ist

ist eine geschickt geordnete Sammlung mannigfaltiger Tänze, welche vermittelst einer durch Mienen
und Handlungen vorzustellenden kurzen Begeben-
heiten zusammenhangen. Ihr Zweck ist eine anständige Belustigung der Augen: und der Erfinder
derselben sucht darin seine Erfindungskunst und alle
Tänzer ihre Geschicklichkeit im Tanzen zu zeigen.
Wie wenig schickt sich nun dazu die Aeusserung des
Herrn Seniors, als ob er glaubte, die Freunde des
Theaters wollten eine Pantomime zu dem Wehrt
eines für das Herz nützlichen Schauspiels erheben!
Fürs fünfte muß ich gestehen, daß ich nicht begreifen kann, wie es dem Herrn Senior möglich gewesen, von Dingen, von welchen er selbst sagt:
ich habe dergleichen nie gesehn, gleichwol dieses
bestimmte Urtheil zu fällen: „ich kann mir keine
„andere Vorstellung davon machen, und dazu be-
„rechtiget mich schon der Titel, als daß dieselben
„eine Art der üppigen Augenlust sind“. Also in den
Worten: Pantomime, Doktor Faust, und Triumph des Harlekin liegt schon der Begriff einer
üppigen Augenlust? Wie das zugehe, darüber
möchte der Herr Senior sich deutlicher erklärt haben. Fürs sechste. Die folgenden Worte des
Herrn

Herrn Seniors: „Ob nicht viele —— ſelbſt zu leſen"
ſind von ihm ſehr bedenklich eingekleidt und verra=
then einigermaſſen einen neuen Verdacht, welchen
er auf die Pantomimen geworfen hat, und zu wel=
chem doch gerade der Herr Senior am wenigſten
berechtigt iſt, da er ausdrücklich ſagt: er habe der=
gleichen nie geſehn.

Wie iſt es alſo dem Herrn Senior möglich geweſen,
zu ſagen: ich habe nie Pantomimen und Tänze geſehn,
welche auf dem Schauplatz vorkommen, und doch
gleich darauf hinzuzuſetzen: ich glaube Gründe
gnug zu haben zu behaupten, daß alle Pantomi=
men und Tänze von der Art ſind, daß ſie keine an=
dere als ſchädliche Eindrücke in den Seelen der Zu=
ſchauer hinterlaſſen können! Siebentens. Der
Herr Senior geht noch weiter. Er behauptet die=
ſes auch von den luſtigen Nachſpielen. Aber er
behauptet es offenbar wieder die Erfahrung. Ein
luſtiges Nachſpiel muß ihm etwa ſo viel als ein Poſ=
ſenſpiel oder eine Harlekinade heiſſen. Sonſt weiß
ich nicht, wie der Herr Senior ſo verächtlich davon
reden kann. Das weiß ich aber, daß ich manches
Nachſpiel geleſen und geſehn habe, in welchem nicht
eine unanſtändige Stelle war, und deſſen Vorſtel=

lung

tung ein sehr erlaubtes Vergnügen erweckte. Ja ich kann deren einige nennen, in welchen ich bin gerührt worden. Dahin gehört zum Exempel der Schatz von Herrn Lessing, der Naturaliensammler von Herrn Weiße, und die Heirath durch Wechselbriefe.

In der Folge beliebt es dem Herrn Senior, die Liebe zu den Schauspielen sehr überhand nehmend und ausschweifend zu nennen. Ich weiß nicht, woher der Herr Senior sich zu dieser Benennung mag berechtigt halten. Das weiß ich aber, daß die drey vorzüglichsten teutschen Schauspielergesellschaften nur einen mässigen und oft so geringen Zulauf haben, daß es ihren Prinzipalen auch bey einer genauen Haushaltung zuweilen sauer wird auszukommen. Wenn, nach dem Wunsch des Herrn Seniors, künftig rechtschaffene Prediger die Schaubühne mit ihrer Gegenwart beehren und er selbst darunter ist; so wird er sich durch den Augenschein überzeugen können, daß zum Exempel in Hamburg die Liebe zu den Schauspielen sehr mässig ist.

Auch erweiset der Herr Senior mir und andern, welche die Besuchung guter Schauspiele theils als eine nützliche Anwendung der Zeit theils, als eine un-

schul-

schuldige Ermunterung anpreisen, die unverdiente Ehre, unser Unternehmen für eine ganz unerträglich werdende freche und verführerische Anpreisung zu schelten. Der erste Ehrentitel ist zu unbestimmt, als daß er gültig sein könnte. Es ist vorher die Frage: wem ist meine Anpreisung guter Schauspiele ganz unerträglich? Oder um diese Frage ihrer wahren Veranlassung gemäß einzurichten: Wem ist meine Vertheidigung des Herrn Past. Schlossers wegen seiner Schauspiele ganz unerträglich gewesen? Der andere Ehrentitel: freche Anpreisung ist in Ansehung meiner sehr unerwiesen und sehr ungerecht. Ich habe in meiner ersten Vertheidigung gegen einen mir unbekannten Mann freimüthig aber nicht frech geredt. Aber wie er in seinen beiden Angriffen geredt hatte, das kann ihm sein Gewissen und meine Vertheidigung sagen. Die dritte Beschuldigung einer verführerischen Anpreisung der Schauspiele würde alsdenn erst wahr sein, wenn alles das Böse wahr wäre, was der Herr Senior Goeze ihnen nachsagt. Nun aber überlasse ich allen vernünftigen und unpartheiischen Lesern, über dieses letztere zu urtheilen, und alsdenn den Ausspruch über meine Anpreisung guter Schauspiele zu thun. So hart

es also auch klingen mag, wenn der Herr Senior
mit dem ihm sehr geläufigen Scheltwort: Verführer auch auf mich zielen sollte; so ertrage ich das
bey der Ueberzeugung von dem Gegentheil mit eben
der Ruhe, mit welcher die Apostel von ihren unverdienten bösen Gerüchten sagten: Wir werden für
Verführer gehalten, und sind doch wahrhaftig.
2 Kor. 6, 8.

Endlich ist in diesem 7 § des Herrn Seniors noch
eins, was recht eigentlich mich treffen soll. Seine
Worte sind diese: Bald wird es heissen: „Der Schau-
„platz ist heilig, und eine gute Comödie kann eben so
„viel Gutes stiften als eine gute Predigt.„ Aber
zum guten Glück ist da ein grosser Fehlschuß geschehn. Von der Heiligkeit der Schauspiele (dem
Herrn Senior beliebt es, mehrentheils blos von den
Comödien auf teutsch Lustspielen zu reden) habe ich
nie ein Wort gesagt. Und was die andern Worte betrifft; so bitte ich meine Leser, hier zu wiederholen,
was in dem vierten Paragraph dieser meiner Schrift
von der achten Seite an bis zum Ende des Paragraphs steht. Und wenn sie das gelesen haben; so
mögen sie über den Hern Senior und mich das Urtheil sprechen.

§. 16.

In dem achten § des Herrn Seniors steht vieles, was zur Entscheidung der Streitfrage von der heutigen Schaubühne nichts beiträgt. Das übergehe ich. Vieles betrifft Herrn Löwe. Das überlasse ich ihm. Etwas enthält eine Beschuldigung des heutigen Theaters. Das will ich berühren. Die Stelle, welche ich meine, fängt auf der 32 Seite mit den Worten an: „Ich bin versichert,„ und geht bis zum Ende des Paragraphs. Der Inhalt derselben ist die Beschuldigung, daß auf unserm heutigem Theater viele schlüpfrige unanständige und schädliche Zweideutigkeiten gesagt werden. Ich antworte: Fürs erste hätte der Herr Senior aus solchen Schauspielen, welche von den drey oben genannten Gesellschaften, der Kochschen Ackermannschen und Hannöverschen, aufgeführt werden, Stellen anführen müssen, in welchen dergleichen Zweideutigkeiten enthalten wären. Denn seine Schrift handelt nur von der teutschen Schaubühne. Nun aber ist in unsern Gegenden ausser jenen drey Gesellschaften keine einzige teutsche, welche von vernünftigen Leuten angepriesen wird: und von den ganz entfernten läßt sich gar kein Urtheil sprechen.

Fürs

Fürs andere wiederspreche ich der Beschuldigung des Herrn Seniors mit der aufrichtigsten Ueberzeugung von dem Gegentheil. Ich habe doch seit zwanzig Jahren viele Schauspiele, und darunter auch viele Lustspiele gesehn (denn den Trauerspielen wird doch wol der Herr Senior diesen Vorwurf nicht machen) und ich erinnere mich nur, zwo Redensarten gehört zu haben, welche ich gleich, da ich sie hörte, geändert wünschte, ungeachtet sie so entfernt waren, daß vielleicht kaum zehn Leute darin eine Zweideutigkeit gefunden, und vielleicht nicht ein einziger zu bösen Regungen dadurch mag verleitet sein. Nun kann ich freilich dergleichen mehr gehört und ietzt vergessen haben. Allein es müssen gewiß nicht viele gewesen sein. Denn, ich darf es ja wol ohne Eitelkeit sagen, ich glaube, daß kein Mensch solche Zweideutigkeiten stärker bemerkt und hasset, als ich. Daher muß ich wenigstens aufrichtig gestehen, daß ich die Beschuldigung des Herrn Seniors für sehr ungerecht halte. Fürs dritte. Gesetzt, es kommen schlüpfrige Zweideutigkeiten in einem Schauspiel vor; was wird daraus folgen. Etwa dieses, daß man darum alle Schauspiele verwerfen, und diejenigen, welche gute Schau-

spiel

ſpiele anpreiſen, für Verführer ſchelten dürfe? Gewiß nicht, ſondern dieſe Folgen werden daraus
flieſſen: Eltern und Vorgeſetzte müſſen ihre Kinder, wofern dieſe noch nicht von geſetztem Gemüth
ſind, nicht ſolche Schauſpiele beſuchen laſſen, in
welchen dergleichen Unanſtändigkeiten vorkommen,
oder, wenn ſie ein Schauſpiel übrigens ihren Kindern vorzüglich nützlich finden, ſie gehörig warnen,
damit eine ſolche Stelle keinen böſen Eindruck mache. Andere, welche dergleichen unvermuthet und
unbereitet hören, müſſen es mit Misfallen hören,
und ihren Misfallen an den Tag legen. Verfertiger der Schauſpiele müſſen ſich ſolche Unanſtändigkeiten nicht erlauben, Prinzipale der Schauſpieler-
geſellſchaften müſſen ſie, wenn ſie ſelbige in ſonſt
guten Schauſpielen finden, nicht ſo aufführen ſondern verändern, und es muß ihnen von der Obrig-
keit ernſtlich und mit gehöriger Drohung anbefoh-
len werden, dieſes zu thun, und überhaupt dafür
zu ſorgen, daß durch ihre Schauſpiele die Religion
das Wohl des Staats und die guten Sitten nicht
verletzt werden.

§. 17.

Der neunte Paragraph des Herrn Seniors geht
mich

mich wenig an. Ich behaupte gar nicht, daß Moliere in Ansehung der Sittlichkeit der Schauspiele
ein vorzüglicher Held sey. Er hat indessen eine
Menge mannigfaltiger Thorheiten aufgestellt, sie sehr
richtig vollkommen charakteristisch und ausserordentlich in die Augen fallend geschildert, und sie äusserst
lächerlich gemacht. Wer ihm das Verdienst ab-
spricht, der muß ihn nicht kennen. Aber freilich
werden in seinen Schauspielen allerley listige Betrügereien mit aufgestellt. Indessen werden doch
diese nicht als die wahre Moral und der eigentliche
Zweck derselben angepriesen: wie der Herr Senior
zu glauben scheint. Was insonderheit seinen Georg
Dandin betrifft; so hat der Herr Senior dessen
Zweck offenbar verfehlt. Er ist dieser: Ein reicher
Bürger, besonders wenn er nicht galant ist, soll
sich in Acht nehmen, daß er nicht eine für ihn viel
zu vornehme und eitele Person heirathet: weil er
sich in grosse Gefahr setzt, von seiner Frau und ihrer Familie zum Narren gekrönt zu werden. Den
Amphitrio des Moliere verachte ich in Ansehung
seiner Sittlichkeit. Sein Tartüffe verdient das
Lob, was der Herr Senior ihm giebt: und es freut
mich, von der Hand des Herrn Seniors ausdrück-

F 4

lich geschrieben zu lesen, daß er die Leute haffet, welche unter der Maske der Heiligkeit Bösewichter sind. Das Urtheil des Herrn Seniors aber, daß Moliere in diesem Stück sich selbst als einen Tartüffe bewiesen, indem er in der letzten Scene dem Gerichtsbedienten eine Rede voll verabscheuungswürdiger Schmeicheleien in den Mund gelegt habe, kann ich gar nicht unterschreiben. Der Herr Senior tritt hierin wie in vielen andern Stellen dieses Paragraphs einem Monarchen zu nahe, welcher gewiß viel Gutes gestiftet, die Wissenschaften in einen ganz neuen Flor gebracht, und das Lob der Gerechtigkeit, wiefern es ihm in der angeführten Rede ertheilt wird, nicht so unwürdig bekommen hat, als der Herr Senior hier mit einer unerlaubten Geringschätzigkeit behauptet. Uebrigens muß ich im Vorbeigehen noch einen Ausdruck berichtigen, dessen der Herr Senior sich vielleicht auch im Vorbeigehen vielleicht aber mit Fleiß bedient. Er redet von einer Bande des Moliere. Ein verächtliches Wort, welches hier an einer unrechten Stelle steht. Man sagt: eine Diebs= und Räuberbande: aber von Schauspielern wird das Wort troupe oder Gesellschaft gebraucht.

§. 18.

§. 18.

Solcher unanſtändiger Sticheleien auf die Schau:
ſpieler, dergleichen ich eben ietzt bemerkt habe, und
welche ſich vorzüglich der Herr Senior als ein Pre:
diger gar nicht erlauben ſollte, kommen ſchon wie:
der etliche in ſeinem 10 Paragraph vor.

Gleich im Anfang heißt es: „Wenn ich anneh:
„me, daß die Schauſpieler wahre gläubige Chri:
„ſten ſind, welche in der Nachfolge Jeſu ſtehen,
„doch dieſes würde wol zu viel gefordert ſein u. ſ. w.
Iſt das nicht verächtlich und lieblos geurtheilt?
Und wiederſpricht nicht der Herr Senior hiedurch
ſeiner eigenen Bezeugung, da er auf der 29 Seite
von den Schönemannſchen Kochſchen und Acker:
mannſchen Schauſpielern ausdrücklich geſagt hatte:
„ich kenne dieſe Leute nicht, ich verlange alſo we:
„der der Richter ihres Herzens noch ihrer Handlun:
„gen zu ſein: ſie ſtehen und fallen ihrem Herrn.“
Daß doch dem Herrn Senior dieſe ſeine eigene kurz
vorher geſchriebene Worte nicht eingefallen ſind!
Es beliebt ihm unten, von einer Schrift, von wel:
cher daſelbſt ein mehreres, zu ſagen: ich glaube,
daß alle wahre Chriſten ſie mit inniger Wehmuth
geleſen haben. Vielleicht hätte ich mehr Recht, die:
ſes von den Leſern der häufigen harten und ſehr un:

verdienten Urtheile und Sticheleien des Herrn Seniors zu sagen.

In der Folge „seufzt der Herr Senior über den
„betrübten Zustand der Schauspieler", weil sie sich
„zu den bösen Charakteren gewöhnen müßten."
Aber warum blos zu den bösen? Werden nicht
auch sehr viele gute Hauptcharaktere und andere
weniger merkwürdige und ziemlich gleichgültige vorgestellt? Warum sollte ferner ein Schauspieler,
wenn er sonst nur ein frommer Mann ist, sich mehr
an die bösen als an die guten gewöhnen? Und sollte
nicht das Bösartige Verwerfliche und Abscheuliche
der schlechten, und das Edele und Nachahmungswür-
dige der guten Charaktere ihm so gut als vernünftigen
und rechtschaffenen Zuhörern in die Augen leuchten,
und sehr guten Eindruck auf sein Herz machen
können?

Eine dritte Sticheley, welche aber ziemlich
verdeckt ist, besteht in der Behauptung, daß die
Vorstellung der schlechten Charaktere vorzüglich zur
Bewunderung der Zuschauer, zur Vermehrung der
Einkünfte des Prinzipals und zur Erhöhung des
Lohns der Schauspieler dienen. Gleich als ob das
schon ausgemacht sey, daß die Liebe zum Bösen

und

und die Begierde, allerley gottlose Ränke und listige
Betrügereien zu sehen, fast durchgängig unter den
Zuschauern der Schauspiele herrsche, oder, wie
der Herr Senior am Ende des Paragraphs sagt;
daß sie das Eitle lieben und die Lügen gern haben.
Muß man den, sobald man sichs vorgesetzt hat,
die Meinungen und den Geschmack einiger Leute zu
bestreiten, nothwendig alles mögliche Böse von
ihnen denken, und sie verurtheilen, ohne sie zu kennen? Ist den das Wort des Apostels Paulus Röm.
14, 10:13 von keiner Wichtigkeit mehr für uns?

Die vierte Stichelen betrifft die Schauspieler
allein. Der Herr Senior meint, ein rechtschaffener
Christ würde die Rolle eines Bösewichts theils
nicht richtig vorstellen können, theils sich nicht dazu
entschliessen. Beides hat der Herr Senior nicht
bewiesen. Das erstere hat gewiß die Schwie-
rigkeit nicht, welche er sich dabey vorstellt. Es
ist ja dem Schauspieler iedes Wort von dem Verfasser des Schauspiels vorgeschrieben, was er sagen soll. Er darf also nur die Deklamazion Akzion
und das ganze Theaterspiel dem Inhalt seiner Reden anmessen: und dazu wird Genie Aufmerksamkeit Fleiß und Uebung, aber fürwahr nicht nothwendig

wendig erfordert, daß er selbst den Charakter habe, den er vorstellen soll. - Das letztere, daß kein frommer Mensch sich entschliessen werde eine böse Rolle zu machen, ist eben so voreilig behauptet. Er weiß ja, daß alle Zuschauer blos die Rolle und nicht ihn sehen und beurtheilen wollen, und daß er blos als Schauspieler auftritt. Es liegt aber in dieser Behauptung des Herrn Seniors, wenn sie gegründet wäre, diese Folge verborgen: Also müssen wol die Schauspieler, welche böse Charaktere richtig vorstellen, selbst böse Leute sein.

Die letzte Sticheley liegt in den Worten: „Denen, welche dem Satan ähnlich sind, wird es „nie an Geschicklichkeit fehlen, in die Fußstapfen „des Vaters der Lügen zu treten, das ist, in der Vorstellung guter Charaktere sich hervorzuthun, ungeachtet ihr Herz voll Bosheit ist. Heißt das nicht so viel: Wenn wir auf dem Theater eine tugendhafte Person sehen; so sollen wir heimlich denken; das ist vermuthlich blos ihr angenommener aber nicht ihr wahrer Charakter? Gewiß keine theologsche Art zu urtheilen. Wie sehr wird sie durch den bekannten Satz des natürlichen Rechts beschämt: Quilibet praesumitur bonus, donec probetur contrarium,

trarium, das ist, man soll einen Menschen so lang
als einen vermuthlich ehrlichen Mann ansehen, bis
man von dem Gegentheil Proben oder Vermuthun=
gen hat.

§. 19.

Nun folgt im 11 §. des Herrn Seniors Glau=
bensbekenntniß von dem heutigen Schauplatz, wie
er sich selbst ausdruckt. Es ist nicht unfehlbar
und nicht bestimmt. Das erstere, weil auch der
Herr Senior ein Mensch bleibt und sich irren kann.
Das andere, weil es auf eine Menge von Bedin=
gungen gegründet ist, und zwar solcher Bedin=
gungen, von deren keiner der Herr Senior bewie=
sen hat oder beweisen kann, daß sie bey denen
Schauspielen angetroffen werden, wovon ich bisher
geredt habe und ferner reden werde. Ich bitte da=
her ieden vernünftigen und unpartheiischen Leser,
alles, was ich bisher gesagt habe, und zugleich ihre
eigene Kenntniß von sittlich guten Schauspielen, deren
eine gute Anzahl ist, mit diesem Glaubensbekennt=
niß zu vergleichen, und es darnach zu beurtheilen.
Alsdenn werden die mit grossem Bedacht gewählten
und sehr zugespitzten Ausdrücke des Herrn Seniors
ihnen nicht mehr treffend scheinen können. Dahin
gehö=

gehören: Schalksnarren, Schulen der Laster, Menschen, die von der Lustseuche beherrscht werden, Laster werden auf Schauplätzen reitzend vorgestellt, Schauspieler, welche, wenn sie lasterhafte Rollen spielen, aus der Fülle ihres Herzens reden und handeln, die unschuldigste Wirkung derselben ist eine üppige Augenlust, Schauspiele gehören zum Wesen des Satans und gereichen Christen zu sehr schwerem Gericht, es sind nur wenig erträgliche Schauspiele, und diese wenige sind nur alsdenn, wenn die Untersuchung nicht gar zu scharf getrieben wird, moralisch gut, die meisten gleichen den ärgerlichen unflätigen und unzüchtigen Schildereien. So hart dieses alles klingt; so wenig Eindruck wird es bey denen machen, welche mit mir jene genaue Untersuchung und Vergleichung angestellt haben.

Indessen der Herr Senior selbst scheint dieses sein Glaubensbekenntniß für untrüglich zu halten. „Er bezeugt, daß er dasselbe mit in sein Grab „nehmen wolle.„ Das sollte mir leid sein: denn in dem Fall nimmt er einen Irrthum mit. Aber der Herr Senior müste das gar nicht voraussagen. Er kann ja nicht wissen, ob er nicht einmahl von

der

der Sache, von welcher er iezt ein sehr nachtheili=
ges Urtheil fällt, anders werde unterrichtet wer=
den. Es scheint also fast, als wolle er gar nicht
sich belehren lassen, sondern schlechterdings in sei=
ner Meinung bleiben, blos weil er sie einmahl ge=
faßt hat. Wenn er aber gar hinzusetzt: „Mit die=
„sem Glaubensbekenntniß denke ich einst vor dem
„Angesicht meines Richters mit Freudigkeit gegen
„alle die zu stehen, welche solches verwerfen, und
„mich darüber spotten und lästern werden; so finde
ich diese Weissagung noch voreiliger und unge=
wisser. Denn sie setzt ein ganz ungezweifeltes Ver=
trauen zu seinen Meinungen voraus: dergleichen
wir Menschen besonders in solchen Sachen am we=
nigsten hegen sollten, von welchen wir gestehen:
ich habe dergleichen nie gesehn, ich habe nur we=
nige derselben gelesen. Was übrigens der Herr
Senior von der Verspottung und Lästerung seines
Glaubensbekenntnisses oder seiner Person sagt,
trifft mich gar nicht. Ich suche weder zu spotten
noch zu lästern, vielmehr einen ehrlichen Mann
gegen die, welche dergleichen thun, zu vertheidi=
gen. Und hier, wo ich es mit dem Herrn Senior
Goeze zu thun habe, bemühe ich mich blos, seine
Meinungen zu berichtigen.   In

In diesem Unternehmen, welches ich in der redlichsten Absicht, aus Liebe zur Wahrheit, und nach meiner besten Ueberzeugung thue, verbitte ich mir sehr die Beschuldigung des Herrn Seniors, welche er über alle Vertheidiger der heutigen Schaubühne ausspricht, „daß sie dadurch eine thätige „Verleugnung der Religion begehen." Mein Gewissen giebt mir Zeugniß, daß die Religion Jesu mir das theurste und um keinen Preis zu verleugnende Geschenk Gottes ist. Aber eben so gewiß weiß ich auch, daß ich, ohne ihr im geringsten zu nahe zu treten, guten Schauspielen, deren Zahl gar nicht gering ist, kann Gerechtigkeit wiederfahren lassen, und das Lesen oder Anhören derselben theils für eine wirklich nützliche Sache, theils wenigstens für ein unschuldiges Vergnügen halten. Wenn aber der Herr Senior verlangt, „daß wir „von unserm Schauplatz grade das Gegentheil deß„sen beweisen, was die Väter der ersten Kirche an „dem Schauplatz der damahligen Zeit verworfen „und verdammt haben; so gebe ich ihm darauf den kurzen aber völlig zureichenden Bescheid: Ich rühme keine andere Schauspiele, als welche ich wirklich gelesen oder gesehn, und theils ganz unschädlich theils

noch

noch dazu sehr nützlich gefunden habe. Derer ist eine gute Anzahl. Und vermuthlich giebt es ihrer noch mehrere, welche mir nicht bekannt sind. Nur von solchen Schauspielen rede ich, wenn ich den Schauplatz vertheidige. Das ist mein Glaubens: bekenntniß in dieser Sache.

Was endlich in demselben Paragraph des Herrn Seniors von allen lustigen Nachspielen und von allen pantomimischen Vorstellungen und von allen Tänzen (denen der Herr Senior den mir ganz unverständlichen Namen der üppigen und wollüsti: gen Tänze giebt) behauptet, ohne sie gesehn zu haben; das hat oben auf der 78 und den folgenden Seiten dieser Schrift seine Berichtigung erhalten.

§. 20.

Der zwölfte § des Herrn Seniors wird nach dem, was bisher gesagt ist, leicht können beur: theilt werden. Die angeführten Stellen der heili: gen Schrift bleiben in ihrer ganzen Kraft, und kön: nen dem Herrn Senior gewiß nicht wichtiger als mir sein. Aber die heutigen Schauspiele, welche ich meine, gehören gar nicht zu denen Dingen, welche in jenen Aussprüchen des göttlichen Worts verdammt werden.

G §. 21.

Der ganze dreizehnte § des Herrn Seniors betrifft eine Nebensache, und kann übergangen werden. Denn er setzt den ganz unbewiesenen Satz voraus, daß alle Schauspiele schädlich sind, wenn man bey ihrer Aufführung gegenwärtig ist. Einige kleine Anmerkungen muß ich aber doch machen. Erstlich ist es nicht ganz wahr, daß man bey dem Lesen solcher Dinge, welche Anstoß geben können, bey kaltem Blut bleiben könne. Wollüstige Schauspiele müssen gar nicht gelesen werden. Denn wenn sie irgends lebhaft sind; so setzen sie die Einbildungskraft fast eben so sehr in Bewegung, als wenn man sie vorgestellt sieht. Zweitens die Auszierung des Schauspielhauses und die glänzende Kleidung der Schauspieler hat wenigstens mir noch nie andere Eindrücke gemacht, als daß ich theils sie gern gesehn, theils sie der Sache angemessen gefunden, und also den Geschmack und die Einrichtung des Prinzipals und des Theatermeisters gebilligt habe. Was aber die Musik betrifft, so hat sie ebenfalls keine andere Wirkung bey mir gehabt, als daß sie mich theils auf eine anständige Art vergnügt, theils, wenn sie recht sehr dem Schau-

spiel

spiel gemäß war, die durch dasselbe gemachte Ein=
drücke unterhalten hat. Da nun diese gut gewe=
sen sind; so ist auch die Musik mir nützlich gewe=
sen. Und vermuthlich habe nicht allein ich, son=
dern viele andere mit mir haben dergleichen Er=
fahrung gehabt. Es ist mir also eine ganz fremde
und unerhörte Beschuldigung, welche dem Herrn
Senior gefällig gewesen ist zu machen, „daß es bey
„der Vorstellung der Schauspiele ein Geräusch gebe,
„durch welches die Leidenschaften in die stärkste Be=
„wegung gesetzt, und bey welchem die Stimme
„der Vernunft und der Religion nicht kann gehört
„werden.“ Wenn es ihm doch auch gefällig ge=
wesen wäre, anzuzeigen, welche grosse und merk=
würdige Schauplätze er in seinem Leben besucht,
welche Schauspiele er daselbst aufgeführt gesehn,
und was das für ein schädliches Geräusch gewesen
sey, welches er da bemerkt habe. Denn in
der That kann er es manchen Lesern nicht verden=
ken, daß sie aus seinen Beschuldigungen, welche
er dem Theater macht, die Vermuthung nehmen,
es sey ihm in Ansehung der Schauspiele eben so
gegangen, wie er selbst von den pantomimschen
Tänzen bekennet, nehmlich: er habe dergleichen
nie gesehn. G 2 Was

Was der Herr Senior von der Vorstellung
der Geschichte des keuschen Josephs sagt, trifft
nur die Schauspiele, welche wirklich den Zweck
haben, wollüstige Regungen zu verursachen, und
welche ich eben so wenig vertheidige, als er. Ich
mache daher gar keinen Gebrauch von folgender
Stelle des seligen Luthers: sondern ich führe sie
blos an, um zu zeigen, daß dieser Mann sogar
gegen solche Schauspiele, welche ich verwerfe,
Nachsicht gehabt hat. Er sagt in seinen Tischre-
den im 36 Kap. von Schulen, auf der 470 und
471 Seite: Christen sollen Comedien nicht ganz
und gar fliehen, darumb daß bißweilen grobe
Zoten und Bulerey darinnen seyn, da man umb
derselben willen auch die Bibel nicht dürfte lesen.
Darumb ist nichts, daß sie solches fürwenden,
und umb der Ursachen willen verbieten wollen,
daß ein Christ nicht sollte Comedien mögen lesen
und spielen.

§. 22.

In dem 14 §. des Herrn Seniors stehen zwo
Stellen aus fremden Schriftstellern, welche den Zustand der Engelländischen Schaubühne betreffen,
und also gar nicht hieher gehören, wo blos von der

teut-

teutſchen Schaubühne gehandelt wird. Was übrigens in denſelben könnte auf unſere Schauſpiele gedeutet werden, das kann ieder aus dem bisher Ge-
ſagten, wenn er nur will, zureichend beurtheilen.
Der Herr Senior hat aber nicht unterlaſſen können,
dieſe Stellen mit einigen Noten zu bereichern.

Die erſte, welche auf der 52 Seite ſteht, be-
weiſt: daß die Trauerſpiele zum Selbſtmord Gelegenheit geben, oder, wie es eigentlich heiſſen ſollte,
daß auch Trauerſpiele ſo können gemiſbraucht werden, daß einer, der ſchon halb raſend ſein muß,
nachdem er geſehn hat, daß ein durch Laſter oder
Verzweifelung oder elenden Stolz oder andere eben
ſo nichtswürdige Urſachen ſich zur Entleibung ſeiner ſelbſt entſchloſſen hat, nun ſeine Raſerey voll-
lende und ſich ſelbſt umbringe, daß aber vernünftige Zuſchauer, welche den auf dem Theater in
ſeiner ganzen Thorheit oder Scheuſlichkeit vorge-
ſtellten Selbſtmord erblicken, dadurch in ihrem Ab-
ſcheu gegen denſelben befeſtigt, und für denen Aus-
ſchweifungen gewarnt werden, deren Ende bey denen, die ſich ihnen ganz ergeben, ſo ſchrecklich werden kann. Dieſer Vorwurf gereicht den Trauerſpielen vermuthlich nicht zur Unehre.

Die

Die andere Note hat zur Absicht, zu beweisen, daß es einem Geistlichen nicht wohl anstehen und für seine Gemeine gewissermassen anstössig sein würde, wenn er durch öftere Besuchung der Schauspiele sich den Ton und Anstand eines Akteurs angewöhnen, und ihm auf eine so affektirte Art nachahmen wollte, daß er für eine wahre Kopey desselben erkannt werde, daß es aber auch einem Geistlichen sehr nützlich sein könne, aus dem regelmässigen Anstand der Schauspieler, aus ihrer richtigen Deklamazion, und aus der natürlichen und ihren Reden angemessenen Bewegung ihrer Arme sich unvermerkt Regeln zu einer durchgängigen Anständigkeit bey allen ihren Handlungen und zu einer geschickten Deklamazion ihrer Reden zu nehmen, und sich auf diese angenehme und leichte Art Geschicklichkeiten des Körpers vernünftig und so zu erwerben, daß man nicht die geringste Affektazion, und eben so wenig die Schule, der er die erste Veranlassung dazu zu danken hat, merken kann. Auch hier hat der Herr Senior auch ohne seine Absicht den Schauspielen das Wort geredt. Wir wollen ihm aus Dankbarkeit den kleinen Ausfall auf diejenigen geistlichen Personen verzeihen, welche die Schaubühne

theils

theils zur Erregung guter Empfindungen und Ge
sinnungen theils zur unschuldigen Vergnügung und
Erholung von ihren Arbeiten besuchen, denen er
aber zu sagen beliebt, was sie selbst nicht gewußt
haben, und was er noch weniger wissen kann, daß
nehmlich „die Eitelkeit ihres Herzens sie auf die
„Schaubühne (oder wie es eigentlich heissen sollte:
auf den Schauplatz) führet.„ Was er ferner vom
Todtbette und vom jüngsten Gericht sagt, steht
an dieser Stelle eben so, wie der Herr Senior mehr-
mahls diese an sich höchstwichtige Dinge anzuführen pflegt, nehmlich um seinen entweder nicht recht
bewiesenen oder sehr unbestimmt ausgedruckten
oder nicht treffenden Vorwürfen einiges Gewicht zu
geben.

Die dritte Anmerkung enthält wohlgemeinte Er-
mahnungen des Herrn Seniors Goeze an die ihm
so wehrten Herren Gellert und Lessing, welche nun
vermuthlich das lehrbegierige Publikum nächstens
benachrichtigen werden, wie sehr sie diese Erinne-
rungen beherzigt und zu ihrer Sinnesänderung angewandt haben.

Auf der 57 Seite endigen sich die vom Herrn
Senior eingeschalteten Stellen zwo fremder Schrift-

steller:

steller: und nun hebt sich sein eigenthümlicher Vortrag wieder an: welches schon aus der wieder her-
vortretenden grossen Diana zu sehen ist. In diesem Vortrag behauptet der Herr Senior erstlich;
„daß das Gegentheil des von unsern teutschen gu-
„ten Schauspielen gerühmten grossen Nutzens sich
„gar zu deutlich zeiget.„ Das ist theils nicht bewiesen, theils nicht einmahl die Sache, über welche gestritten wird, sondern es ist die Frage: ob
wir nicht viele theils nützliche theils zur anständigen
Ergötzung dienende Schauspiele haben. Fürs andere „seufzt der Herr Senior mit ähnlichen recht-
„schaffenen Christen über die Schaubühne als eine
„Quelle so vieler Sünden.„ Daß diese Seufzer
und die darin liegenden Beschuldigungen gegründet
sind, und nicht den vermeidlichen Mißbrauch der
Sache treffen, ist auch nicht bewiesen. Drittens „verlangt der Herr Senior, die Freunde der
„Schaubühne sollen beweisen, daß alle die Schau-
„spiele, welche auf den teutschen Theatern am häu-
„figsten und mit dem grössesten Beifall aufgeführt
„werden, insonderheit die teutschen Originalstücke,
„und die übersetzten Stücke des Moliere und Hol-
„berg ohne allen Tadel sind.„ Eine strenge Forde-

rung,

rung, etwas zu beweisen, was man nie behauptet
hat! Besonders auch deswegen streng, weil ein
Vernünftiger allein aus der häufigen Aufführung
und dem grossen Beifall eines Stücks, und ehe er
noch weiß, ob es auch wahre Kenner und Leute von
gutem Geschmack sind, welche die häufige Aufführung verlangt und mit Beifall belohnt haben, den
hohen Wehrt derselben so wenig bestimmen, als ein
Buch, welches tägliche Morgen= und Abendan=
dachten enthält und schon zum sechsten Mahl aufge=
legt wird, blos deswegen und ehe er weiß, ob die
vielen Verehrer desselben wirklich fromme rechtschaf=
schaffene und ihren ganzen Sinn und Wandel Gott
zu einem heiligen und lebendigen Opfer darbrin=
gende Christen sind, ein solches Buch für ein wirk=
liches Meisterstück halten wird. Noch strenger wird
die Forderung des Herrn Seniors wegen der Schau=
spiele des Moliere, denen kein Kenner einen vor=
züglich hohen Wehrt in Ansehung ihrer Sittlichkeit
schlechterdings beilegt. Und am allerstrengsten we=
gen der Schauspiele des Holbergs, welche auf einer
gesitteten Bühne längst vergessen sind. Was der
Herr Senior von teutschen Harlekins sagt, ist sehr
unverständlich, da dergleichen in guten Schauspielen

G 5   gar

gar nicht mehr gelitten werden, und die lustigen
Bedientenrollen, in welchen Grobheiten oder Zweideutigkeiten gesagt werden, eben so wenig in denen
Schauspielen vorkommen, welche ich vertheidige.
Was der Herr Senior fünftens schlechterdings vor-
aussetzt, daß ein Liebhaber der Schauspiele Aergernisse suche und Aergernisse gebe, ist gar nicht bewiesen, und muß nachdem, was bisher von mir dawieder gesagt ist, beurtheilt werden. Wenn sechstens behauptet wird, daß durch Besuchung der
Schauspiele ein grosser Theil der Gnadenzeit verloren werde, so gilt das nur von denen, welche
die Sache übertreiben, und wichtigere Geschäfte darüber versäumen. Was siebentens von den schweren Kosten gesagt wird, welche man dabey aufwende,
verstehe ich nicht, da ich die Kosten, für welche man,
bey einer mässigen Liebe zu den Schauspielen, manches derselben sehen kann, auch sehr mässig finde.
Das Scheltwort: herrschende Lustseuche, mit welchem der Herr Senior diese Sache achtens zu belegen für gut findet, ist sehr ungerecht und lieblos.
Der Stich, welcher neuntens auf mich gehen soll, der
ich, nach des Herrn Seniors Ausdruck heute den ge-
kreuzigten Christum und die Kreuzigung des Fleisches

und seiner Lüste und Begierden predigt, und morgen die Schaubühne anpreise, und die Schauspieler als Lehrer der Tugend und Schöpfer edeler Gesinnungen und Empfindungen rühme. Dieser mit so viel Sorgfalt eingerichtete Stich ist wiederum einer von denen, welche keine Wunde machen und machen können. Ich habe meine wahre Meinung hievon schon oft gesagt, und ich wiederhole sie nur ganz kurz. Ich bin lebendig überzeugt, und dafür danke ich Gott, daß allein in der Erlösung Jesu Christi unser Herz Ruhe Trost Freudigkeit und Kraft zur Tugend findet. Aber ich weiß auch und habe es erfahren, daß man ein rechtschaffener Christ seyn, und zugleich aus so manchen vorhandenen Schauspielen eine erlaubte Ermunterung des Geistes und die Erregung edeler Empfindungen und Gesinnungen schöpfen kann. Endlich zehntens des Herrn Seniors Entgegensetzung der Schaubühne, wiefern ich sie vertheidige, mit dem Christenthum, welches mir wahrlich tausendmahl mehr am Herzen liegt als die besten Schauspiele, diese seine Entgegensetzung also, welche er in das Bild von Finsterniß und Licht, Christus und Belial, unreinem Götzentempel und Gottestempel einkleidet, erkläre ich für eben so ungerecht, als

als die Folgerung, welche den Beschluß des vierzehnten Paragraphs macht: „daß die Schauspiele „die grössesten Verderber der Nation sind." Vernünftige und unpartheiische Leser meiner Schrift mögen urtheilen, wer Recht hat, der Herr Senior oder ich.

§. 23.

Den funfzehnten und sechszehnten Paragraph des Herrn Seniors übergehe ich ganz. Sie enthalten ausser der grossen Diana und etlichen von mir zureichend beurtheilten Sätzen und Vorwürfen nichts, was nicht meine Leser selbst ebenfalls zureichend zu beurtheilen im Stand wären. Das einzige muß ich nachholen. Der Herr Senior leitet einen grossen Theil seines Wiederwillens gegen die Schauspiele aus den Anschlagszetteln her, welche er in dem vergangenen Sommer gesehn hat. Damahls waren hier in Hamburg zwo Gesellschaften von Possenspielern, imgleichen Springer Aequilibristen und Positurenmacher: und weil unser grosses Schauspielhaus lebig stand; so quartirten diese saubere Leute sich daselbst ein. Aber jene zwo Gesellschaften verloren sich wie Schatten, weil die Vorstellungen ihrer Schauspiele elend waren:

leute

Leute von Geschmack sahen sie gar nicht, oder
kamen, nachdem sie einmahl hingegangen waren, nicht wieder. Zugleich zogen sie die Achseln,
wenn sie daran dachten, daß man solchen Spielern
das grosse Theater, wenn auch gleich nur auf kurze
Zeit, erlaubt hatte. Der Herr Senior aber er-
greift itzt die Gelegenheit, von ihren Anschlagszetteln die Waffen zu nehmen, mit welchen er die ganze
teutsche Schaubühne bekriegen will.

§. 24.

In dem 17 §. wagt der Senior eine Weissagung: zwar, wie er sagt, mit Ueberzeugung und
Freudigkeit. Allein dieser Zusatz muß bey keinem
vernünftigen Leser Eindruck machen: Seine Ueberzeugung kann irrig, und seine Freudigkeit kann voreilig sein. Den Inhalt der Weissagung mag
ieder selbst lesen, wer Lust dazu hat, zu wissen,
welche Dinge vielleicht geschehn vielleicht auch nicht
geschehn werden. Vorläufig bemerke ich einen Fehler, welchen der Herr Senior schon vorher macht,
ehe er seine Weissagung anhebt, und welchen er im
Vorhergehenden schon oft gemacht hatte. Er bür-
det nehmlich, um sich Gegner zu schaffen, wieder
welche er leicht streiten könne, den Freunden der

Schau-

Schaubühne auf, daß sie glaubten, alle teutsche
Schauspiele wären ohne Einschränkung untadelhaft.
Dieses druckt er so aus: „sie geben die teutsche Schau-
„bühne für ganz gereinigt und schlechterdings für eine
„Schule der Tugend und guten Sitten aus.“ Ich
habe schon vielfältig von diesem Kunstgriff geredt,
welchen der Herr Senior sich nicht erlauben sollte.
Schon das ist nicht recht, daß er immer im allgemeinen von der Schaubühne redet, da seine wahre
Gegner nur von gewissen einzelnen Schauspielern reden; denen sie günstig sind, und welche sie zur
Erregung guter Gesinnungen oder wenigstens zu einem anständigen und feinen Vergnügen empfehlen,
und behaupten, daß deren eine nicht geringe Anzahl ist, und daß man dieselben sehr wohl besuchen
könne. Ich muß gestehen, daß es mir nachgrade
wiederlich wird, dieses so oft zu wiederholen. Aber
bin ich nicht dazu gezwungen, da der Herr Senior
so oft die eigentliche Streitfrage, auf welche es ankommt, so sonderbar und ganz wieder meinen Sinn
einkleidet?

In dem folgendem Vortrag des Herrn Seniors
kommen hin und wieder Stellen und Ausdrücke vor,
welche ich mit kurzen Anmerkungen begleiten muß,

weil

weil sie sonst von flüchtigen oder partheiischen Lesern leicht könnten gemisbraucht werden.

Zuerst redet er von Schauspielen, in welchen Thorheiten und Laster reißend vorgestellt werden. Ich antworte: in denen guten Lustspielen, deren wir viele haben, die ich auf Verlangen nennen will, werden Thorheiten und Laster nicht reißender vorgestellt, als sie im menschlichen Leben selbst erscheinen: und um diese Vorstellung derselben vollends unschädlich und wirklich nützlich zu machen, steht ihr die Vorstellung tausendmahl reißenderer Tugenden und wahrer Klugheiten entgegen. Am meisten und offenbarsten gilt dieses von Trauerspielen.

Fürs andere meint der Herr Senior, es sey unrecht, „daß man in den Schauspielen über die „Thorheiten anderer sich satt lache, und desto weni-„ger an seine eigene denke." Ich antworte: Einmahl kommen vermuthlich alle die Thorheiten, welche da vorgestellt werden, schon im menschlichen Leben vor, und sie werden also wol nicht mehr Gelegenheit zu solchem Lachen geben, als einem hier aufstossen. Zweitens, worin besteht das Unrecht des Lachens über die auf dem Theater vorgestellten Thorheiten; zumahl da mit demselben gar keine
Verspot

Verspottung derer, welche diese Thorheiten bege=
hen, verbunden ist, indem die Schauspieler nur
angenommene Charaktere vorstellen? Drittens wo=
her ist den bewiesen, daß man über ein solches La=
chen nothwendig seine eigene Thorheiten vergesse;
und daß dieses nicht vielmehr ein freiwilliger und
sehr vermeidlicher Misbrauch sey? Ist es viertens
so sehr unmöglich, daß mancher Zuschauer in der
auf dem Theater vorgestellten Thorheit seine eigene
erblicke, und sich selbst kennen lerne?

Fürs dritte ist es dem Herrn Senior gefällig,
in dieser und in den vorigen Absichten, und in Ab=
sicht der unanständigen Ausdrücke der schlüpfrigen
Zweideutigkeiten und der anstößigen Vorstellungen
alle Stücke des Moliere und Holberg, imgleichen
die meisten, welche wir in den Sammlungen ge=
druckter Schauspiele finden, ferner beinahe alle einzeln
gedruckte, und endlich alle ungedruckte, welche am
häufigsten aufgeführt werden, schlechterdings zu ver=
dammen. Ein schreckliches Urtheil, welches vor
ihm kein Mensch gefällt hat, und vermuthlich kei=
ner, welcher recht unterrichtet ist, ihm nachspre=
chen wird. Der Herr Senior kann auch im Ernst
nicht verlangen, daß man nur die geringste Re=

gung

gung einiges Beifalls hiebey empfinde. Hätte er nicht bey einem so allgemeinem und dreistem Urtheil einen eben so allgemeinen und starken Beweis desselben liefern müssen? Aber freilich wäre das eine mühsame und gewiß häufig mislungene Arbeit geworden. Dafür war es immer leichter, ein solches Verdammungsurtheil ohne Beweis auszusprechen. Aber ob das ein gerechtes und billiges Urtheil sey, ist eine andere Frage. Und eine eben so grosse Frage ist es: Hat der Herr Senior alle die Schauspiele gelesen oder vorgestellt gesehn, über welche er so entscheidend urtheilt? Und das sollte er doch wol: und davon sollte er uns auch wol einen hinlänglichen Beweis gegeben haben. Aber vielmehr merkt der Herr Senior selbst einen grossen Verdacht gegen die Möglichkeit des letzten Beweises, da er in seiner ganzen Schrift von so gar wenigen Schauspielen redet, welche ihm bekannt sind, und er doch nach seiner Absicht aus dem Inhalt und der eigentlichen Einrichtung der Schauspiele seine Vorwürfe erweisen wollte, ja da er sogar gesteht, daß er selbst Schlegels und Cronegks Schauspiele nicht gelesen hat. Was für eine Kenntniß der teutschen Schaubühne kann

H — man

man dem Herrn Senior also zutrauen! Mit welchem
Wiederwillen muß man folglich, wenn man irgends
billig denkt, gegen jenes dreiftes und allgemeines
Verdammungsurtheil empfinden! Und was denken
billige Leser von dem nun folgenden eben so dreistem
und allgemeinem, aber auch gewiß eben so un-
richtigem Zusaß: „Alle diese vorhin beschriebene
„Schauspiele haben blos den Zweck, die Zuschauer
„auf Kosten der Tugend und der guten Sitten und
„öfters auf Kosten der Gottseligkeit und der Ehr-
„barkeit zu vergnügen, und den Comödianten reiche
„Einnahmen zu verschaffen?“ Das heißt wol nicht
ungerecht und lieblos geurtheilt?

Was viertens von Pantomimen und lustigen
Nachspielen gesagt wird, hat oben seine Berichtigung erhalten.

Fünftens klagt der Herr Senior über die viele
Zeit, welche auf die Besuchung der Schauspiele
verwandt wird. Er bestimmt sie auf 4 bis 5
Stunden und zwar täglich. In dem erstern hat
er sich verrechnet, und in dem leßtern etwas Unge-
gewisses vorausgeseßt. Verrechnet hat er sich in
den Stunden. Ein Schauspiel wehrt mit der
Musik gewöhnlich nicht viel über zwo Stunden,

und

und ein patomimſches Ballet etwa eine Viertelſtunde. Aufs allerhöchſte und mit allen Zwiſchenzeiten mögen drey Stunden zuſammen heraus kommen. Davon kann ieder ſich wöchentlich ſo oft er will durch eigene Erfahrung oder Nachrichten anderer überzeugen. Und ſo voll pflegt unſer Schauplatz nicht zu ſein, daß man lange vor der Vorſtellung gegenwärtig ſein müſſe, um einen guten Platz zu bekommen. Etwas Ungewiſſes und doch von dem Herrn Senior als gewiß vorausgeſetztes iſt die tägliche und ſolche Beſuchung der Schauſpiele, bey welcher man ſeine Berufsgeſchäfte vernachläſſigt, und dadurch jene Beſuchung zu einer Art des Müſſiggangs macht. Wer das thut, den tadele ich eben ſo ſehr als der Herr Senior. Aber wer beweiſet dem, daß eine groſſe Menge von Zuſchauern, wie er ſich ausdrückt, dieſes thue, wenn der Schauplatz täglich geöffnet wird? Die tägliche Erfahrung, nach welcher er ſich nur erkundigen kann, lehrt vielmehr grade das Gegentheil. Uebrigens hat die Einſchränkung der Oeffnung des Schauplatzes auf einige wenige Tage der Woche die Unbequemlichkeit, daß es alsdenn manche Leute oft ſo trifft, daß ein Schauſpiel an

H 2 einem

einem Tag vorgeſtellt wird, an welchem ihnen die
Zeit zur Beſuchung deſſelben fehlt, und hingegen
ein Tag, an welchem ſie die Zeit dazu hätten, kein
Schauſpieltag iſt. Wenn nun dieſe Leute, wie
ich deren gnug kenne, aus wirklich guter Abſicht,
nehmlich theils zu einer erlaubten Ermunterung
theils zur Erregung edeler Geſinnungen, zuweilen
gern ein Schauſpiel ſehen möchten; ſo ſind ſie in
der Erfüllung ihres anſtändigen Wunſches durch
die ſeltene Vorſtellung der Schauſpiele einge-
ſchränkt. Eine andere eben ſo unbillige Folge davon würde dieſe ſein, daß der Prinzipal einer groſſen Geſellſchaft bey dergleichen Einſchränkung ungemein würde gedrängt werden, und, wenn er als
ein Privatmann blos von ſeinen Mitteln viel auf
das Theater wendet, nicht allein keinen billigen
Gewinn ſondern noch dazu groſſen Schaden dabey
leiden. Die neuſte Geſchichte des Kochſchen Theaters in Leipzig kann gewiſſermaſſen zum augenſchein-
lichen Beweis davon dienen.

Sechſtens meint der Herr Senior, „man könne
„von manchen vollſtändigen Schauſpielen den In-
„halt in viel kürzerer Zeit leſen.‟ Allein einmahl
wo bekommt man den kurzen Inhalt der beſten
Schau-

Schauspiele? Zweitens wie sehr vorzüglich ist die Vollständigkeit und Lebhaftigkeit der Geschichte bey der ganzen und lebendigen Vorstellung derselben, um den guten Eindruck, welchen sie machen soll, recht tief und dauerhaft zu empfinden? Wenn man kleine Sachen mit grossen Dingen vergleichen darf; würde der Herr Senior denen Recht geben, welche auf ähnliche Art, wie er iezt urtheilet, zu ihm sagten: wir gehen nicht in ihre Sonntagspredigten: denn da wir den Inhalt ieder Predigt in dem Zettel, welchen sie voraus drucken lassen, zu Haus lesen können; so dünkt uns, daß wir unsere Zeit schlecht zu bringen, wenn wir, da jener Zettel in fünf Minuten durchzulesen ist, eine ganze Stunde und darüber alle ihre zur Ausfüllung dienen sollende Worte anhören wollten?

Siebentens klagt der Herr Senior über die grossen und unerschwinglichen Kosten, welche zu einer ganz vollkommenen Schaubühne erfordert würden. Diese Klage ist ihm zu verzeihen, da er vielleicht wegen seines Standes keine eigentliche und eigene Kenntniß von dem wahren Aufwand eines solchen Theaters haben kann, als das Kochsche Ackermannsche und Hannöversche Theater sind. Es ist also

H 3

also auch nicht wohl möglich, ihm begreiflich zu machen, daß seine Klage wirklich übertrieben ist. Soviel aber wird der Herr Senior durch die glaubwürdigsten Nachrichten erfahren können, daß die Prinzipale dieser Gesellschaften bey der mässigen und zuweilen geringen Besuchung ihrer Schauplätze dennoch mehrentheils bestehen, und das nöthigste zur gehörigen Unterhaltung und Verbesserung ihres Theaters anwenden können, und daß sie nur selten genöthigt sind, einige nicht viel bedeutende sehr lustige, aber doch gewiß nicht schädliche und verführerische Schauspiele oder Operetten zu Hülfe zu nehmen, um dadurch gewisse für den Schmuck und das Ergötzende vorzüglich eingenommene Leute anzulocken. Aber darin bin ich mit dem Herrn Senior vollkommen einig, daß ein Prinzipal allerdings zu bestrafen wäre, wenn er durch schlüpfrige Schauspiele sich den Zulauf schlechtdenkender Menschen verschaffen wollte, und daß die, welche zu dergleichen Vorstellung eilten, wahrer und niederträchtiger Pöbel sein würden.

Aus dem, was ich ietzt gesagt habe, lässet sich nun der Anfang des letzten Absatzes in dem 17 § des Herrn Seniors beurtheilen und berichtigen.

Was

Was aber das Ende dieses Absatzes, oder den Be=
schluß des ganzen Paragraphs betrifft, so finde ich
da abermahls einen eben so unverdienten als harten
Angriff auf mich.   Ich werde da als ein Mensch
aufgestellt, „welcher die heutige Schaubühne mit
„einem solchen Eifer vertheidigt habe, als er viel=
„leicht bey der Vertheidigung der Ehre Gottes und
„der Religion nicht beweisen würde.„ Und nun folgt
auch das förmliche Verdammungsurtheil wieder
mich, welches zu lang ist, um es abzuschreiben.
Gottlob, daß dieser Angriff mich nicht zu Boden
wirft, und mich nicht einmahl ins Wanken bringt!
Ja Gottlob, daß ich droben im Himmel einen
gerechtern Richter habe, welcher nicht aus Par=
theiligkeit, nicht in aufgebrachter Hitze, und nicht
nach Nebenursachen mich beurtheilt.   Worin
kann aber der Herr Senior Goeze mein Verbre=
chen setzen, um deßen willen er ein solches unge=
rechtes Urtheil über mich spricht? O seine ganze
Schrift, seine Anführung einiger Stellen aus
meiner Vertheidigung des Herrn Past. Schloßers
gegen einen ebenfalls sehr ungerechten Mann, sein
ganz unerlaubter Ausfall auf mich, welcher auf
der 131 Seite steht und, wann ich dahin komme,

ge=

gehörig soll ins Licht gesetzt werden, und vielleicht noch viele andere Umstände beweisen die wahre Ursache seines entsetzlichen Wiederwillens gegen mich. Neun Jahre lang und bis vor einem halben Jahr war ich, seinem öftern Geständniß nach, ein sehr guter Mann und erbaulicher Redner; er rühmte mich, vielleicht mehr als ich verdiente; in meiner Abwesenheit und selbst in meiner Gegenwart; er bezeugte mir seine Verbindlichkeiten wegen meiner vierjährigen Unterweisung seines Sohns; und ließ mich des fortwehrenden Andenkens dieses vortrefflichen und für die gelehrte Welt zu früh gestorbenen Jünglings versichern; er bat sich, ungeachtet er meine Neigung, gute Schauspiele zu sehen, wohl wuste, zuweilen aus, daß ich seine Stelle auf der Kanzel vertreten möchte; kurz er bezeugte wenigstens auf allerley Art eine vorzügliche Neigung zu mir. Auf einmahl hörte das alles auf, und verwandelte sich in einen Wiederwillen, welcher unbeschreiblich weit geht, und vielleicht niemahls aufhören wird. Und wann ging diese sonderbare Veränderung an? Grade zu der Zeit, da ich den Herrn Past. Schlosser als Verfasser von vier guten Schauspielen gegen zween

An:

Angriffe eines Ungenannten vertheidigte. Meine
Vertheidigung kann ein ieder lesen und verstehen.
Ich berufe mich also auf das Urtheil vernünftiger
und ehrlicher Leser, und frage sie: War das ein
Verbrechen, daß ich aus redlicher und uneigen=
nütziger Freundschaft mich eines unschuldigen Man=
nes in einer guten Sache annahm, und alle Unge=
rechtigkeiten und Unanständigkeiten dessen, welcher
ihn zweimahl angriff, entwickelte, und bey der
Gelegenheit mit Ueberzeugung sagte: Man müsse
nicht alle Schauspiele schlechterdings verwerfen;
es gebe darunter viele gute und nützliche und
wenigstens zu einer anständigen Vergnügung die=
nende; solche zu verfertigen sey selbst einem Pre=
diger nicht unanständig; und sie könnten von iedem
rechtschaffenen und ehrliebenden Christen ohne Nach=
theil besucht werden? Hatte dieses alles den Lohn
verdient, welchen mir der Herr Senior in seiner
Schrift giebt? Bin ich wirklich aller derer Feind=
schaften dadurch wehrt geworden, welche ich von
ihm und gewissen ähnlichen Leuten darüber erfah=
ren habe? Gott sey Richter zwischen mir und
ihnen!

H 5   Eins

Eins muß ich noch hinzuſetzen. Wenn der
Herr Senior von meinem Eifer, die Ehre Gottes
und die Religion zu vertheidigen, ſo ſehr verächt:
lich ſpricht; ſo thut er mir, wie gewöhnlich,
groſſes Unrecht. Meine in den verwichenen dreh
Wintern gehaltene Reden, welche ich ihm geſandt
habe, meine gedruckte Predigten, welche er auch
alleſammt von mir bekommen hat, haben ihn längſt
von dem Gegentheil deſſen, was er mir vorwirft,
überzeugen können. Und der Gott, vor welchem
ich ſtehe, und vor deſſen Gericht wir beide einſt
ſtehen werden, dieſer allwiſſende und gerechte Gott
weiß, wie ſehr mir die wahre Religion und ein
thätiges Chriſtenthum am Herzen liegt; und er
wird einſt ans Licht bringen, welcher von uns bei:
den, der Herr Senior oder ich, die meiſte Recht:
ſchaffenheit in der Vertheidigung ſeiner Ehre und
der Religion bisher bewieſen hat.

§. 25.

Die erſten zween Abſätze des 18 Paragraph des
Herrn Seniors und die auf der 71 Seite befindli:
che Note zu demſelben haben durch meinen 23 Pa:
ragraph ihre Beurtheilung ſchon voraus bekommen.

Das

Das übrige betrifft Herrn Löwe, so wie die Note
auf der 74 Seite.

Auf dieser Seite steht in dem Paragraph selbst
folgende Klage: „Das Wort vom Creuß ist schon
„vielen von denen, die Christum bekennen, und selbst
„solchen, die Christum predigen sollen, ein Aerger:
„niß und eine Thorheit.„ Sollte der Herr Senior
hierin auch auf mich einen Pfeil haben abdrucken
wollen; so hat er mich an einen Ort gestellt, an
welchen mein Gewissen mich nicht stellt, und so
vergebe ihm Gott die ungerechte Beschuldigung.

Die Worte auf der 75 Seite: „Aus Komödien,
„die ein Prediger geschrieben hat, soll man seinen
„grossen Wehrt erkennen,„ gehen gar nicht auf mich:
denn ich habe dergleichen nie behauptet. Sondern
sie sind eine Sticheley auf Herrn Buchenröder, Buch:
händler allhier, welcher der Verfasser der von mir
in der Zugabe zu der Vertheidigung des Herrn
Past. Schlossers beantworteten Prüfung ist. In
dieser Prüfung im 7 § stehen die Worte, auf welche der Herr Senior zielet.

Die schreckliche Weissagung des Herrn Seniors
auf der 76 Seite von einem hereinbrechenden Hei-
denthum kann ich nicht mit der Zuversicht nachspre-
chen,

chen, mit welcher sie von ihm geschieht. Und durch
meine Vertheidigungen des Herrn Past. Schlossers
und meine mit Ueberzeugung gefällte Urtheile von
Schauspielen wird gewiß kein Schatten des Heiden-
thums hereingebracht. Ich übertreibe das Lob der
Schaubühne gar nicht, wie der Herr Senior seine
Leser gern möchte glauben machen. Vielmehr bemühe ich mich aufrichtig, mit aller Billigkeit zu
urtheilen.

Aber ob folgendes Urtheil des Herrn Seniors,
welches auf der 77 Seite steht, billig sey, mögen
unpartheiische Leser aus dem bisher Gesagten und
aus ihrer eigenen Erfahrung beurtheilen. „Die
„Schaubühne giebt den menschlichen Lüsten und Lei-
„denschaften mannigfaltige Nahrung. Das ist
„ihre wahre und eigentliche Wirkung. Das ist die
„Ursache, warum sie so viele Freunde und Verehrer findet.

§. 26.

Ueber den dem Herrn Senior sehr geläufigen
Ausdruck seines freien Gewissens und seiner lebendigen Ueberzeugung vor Gott, welcher den Anfang
des zweten Abschnitts seines 19 § macht, habe ich
schon im Anfang meines 8 §. beurtheilt.

Der

Der übrige Inhalt dieses zweten Abschnittes ist im vorhergehenden schon da gewesen und beantwortet. Man lese nach, was in meinem 21 § stehet.

Der dritte Abschnitt ist eine Kritik des Herrn Seniors Goeze über Herrn Gellert wegen seines Schauspiels: Das Loos in der Lotterie. Wir werden sehen, ob dieser vortrefflicher Mann sie wichtig gnug finden wird, um darauf zu antworten.

Der vierte Absatz endlich, welcher auf der 81 und 82 Seite steht, ist theils aus den im vorhergehenden vielfach vorgekommenen Betrachtungen zu beurtheilen, und beweist aufs höchste, daß Eltern und Vorgesetzte ihren Kindern, welche noch nicht vom gesetztem Gemüth sind, die Besuchung derer Schauspiele nicht verstatten müssen, welche in ihre zarte Seelen schädliche Eindrücke machen können. Aber hieraus die Folge herleiten wollen: „also sind „die Schauspiele überhaupt ohne alle Einschränkung „schädlich und zu vermeiden„, das wäre (wenn man anders eine kleine Sache mit einer grossen vergleichen kann) eben so geschlossen, als wenn einer so sagen wollte: Weil Lehrlinge der Beredsamkeit und selbst junge Redner nicht die Predigten eines Man-

nes

nes besuchen müssen, welcher in seinem Vortrag alle
Regeln der wahren Beredtsamkeit vernachläſſigt,
und von dem sie also leicht sich eben dergleichen Nach=
läſſigkeit angewöhnen könnten; so iſt überhaupt die
Besuchung aller Predigten ſchädlich und zu wie=
derrathen.

§. 27.

In dem 20 Paragraph meint der Herr Senior
zu erweiſen, daß durch die Schauſpiele die Zeit zu
ſehr und unnütz angewandt werde. Ich habe hie=
von oben in meinem 24 § in der vierten Anmerkung
das nöthigſte überhaupt geſagt. Indeſſen veran=
laſſt der gegenwärtige und in bedenklichen Aus=
drücken abgefaßte Vortrag des Herrn Seniors noch
einige kurze Anmerkungen.

Erſtlich „nennet er die Besuchung der Schau=
„spiele eine unverantwortliche und zum gröſſeſten
„Nachtheil der unsterblichen Seele und des ewigen
„Heils gereichende Anwendung der Gnadenzeit.„
Das gilt nur von ſchlechten nichtswürdigen und zum
Böſen verleitenden Schauſpielen, aber gewiß nicht
von allen. Wie iſt es dem Herrn Senior, der in
seiner ganzen Abhandlung ſo wenig Kenntniß von
Schauspielen zeigt, der nicht einmahl die Schau=
spiele

ſpiele Schlegels und Cronegks geleſen hat, möglich, ſie alle zu verdammen, und der Beſuchung
derſelben einen ſo böſen Nahmen zu machen?

Fürs andere kann doch wol die Beſchuldigung
derer Leute, welche, wie er ſagt, „von der Liebe zu
„den Schauſpielen einmahl trunken ſind,„ daß ſie
nehmlich ihre Zeit dazu viel zu ſehr anwenden, nicht
auch diejenigen treffen, welche nach einer mäſſigen
und wohlgeordneten Liebe zu guten Schauſpielen
dieſe in denen Stunden beſuchen, die ſie nach redlich verrichteten Berufsgeſchäften mit gutem Gewiſſen zu einer anſtändigen Ermunterung anwenden
können. Wie oft einer alſo ſeine Beſuchung der
Schauſpiele verantworten möge, läſſt ſich im Allgemeinen gar nicht beſtimmen. Aber was iſt das
für ein Schluß: eine Sache wird von einigen
Leuten übertrieben: alſo daher ſchon iſt ſie an ſich
ſelbſt verwerflich!

Drittens „rechnet der Herr Senior denen, wel-
„che ein Schauſpiel beſuchen, unterſchiedliche Stun-
„den zum Ankleiden und zur Vorbereitung an.„
Was hier unter der Vorbereitung, welche vom
Ankleiden unterſchieden wird, verſtanden werde,
weiß ich nicht. Ich wenigſtens, der ich auch, zwar
gewiß

gewiß nicht oft (denn das leiden meine Geschäfte und Verhältniſſe nicht) aber doch zuweilen ein Schauſpiel ſehe, weiß von keiner Vorbereitung. Und was die Kleidung betrifft; ſo verſichere ich den Herrn Senior aufrichtig, daß mir die nicht eine Minute mehr wegnimmt, als ſie thut, wenn ich alltäglich ausgehen will. Und ſo ſehe ich viele andere in ihrer gewöhnlichen Kleidung auf allen Plätzen des Schauſpielhauſes. Selbſt unſer angeſehnſtes Frauenzimmer erſcheint gewöhnlich in einer gar nicht prächtigen Kleidung. Und es iſt nichts weniger als wahrſcheinlich, daß es zur Ankleidung etliche Stunden angewandt habe. Doch dieſe Verrechnung iſt dem Herrn Senior zu verzeihen, weil er theils die Zuſchauer eines Schauſpiels zu ſehen, theils die Umſtände, welche zum Ankleiden des Frauenzimmers erfordert werden, zu kennen vermuthlich wenige Gelegenheit hat. Aber eben daher hätte er auch nicht davon urtheilen müſſen.

Der Herr Senior „hofft, im Vorhergehenden „gnugſam erwieſen zu haben, daß der heutige Schau-„platz kein Hülfsmittel zur anſtändigen und dem „Chriſtenthum nicht nachtheiligen Erquickung ſey.„ Und ich, der ich ſeine Beweiſe genau durchgegangen

gen bin, hoffe die vielfältigen Schwächen derselben gnugsam gezeigt zu haben. Wessen Hoffen am gegründetsten sein mag, werden vernünftige Leser nun entscheiden.

§. 28.

In dem 21 § soll gezeigt werden, daß ein Christ durch die Besuchung eines Schauspiels verhindert werde, sich zu Haus in der Stille mit Gott zu unterreden. Allein der ganze Beweis besteht darin, weil durch das Schauspiel die Seele mit sinnlichen Bildern erfüllt und in Bewegung gesetzt sey. Ich antworte erstlich. Gar nicht alle Schauspiele erregen heftige Bewegungen der Seele. Zweitens wenn ein Schauspiel eine blosse Ermunterung ist; so läßt es in dem Gemüth keinen stärkern Eindruck nach, als eine Gesellschaft aufrichtiger und gesitteter Freunde thun wird, welche durch angenehme und liebreiche Gespräche sich blos vergnügt haben. Drittens wenn ein Schauspiel die Tugend in ihrem Reiß, das Laster in seiner Abscheulichkeit, die Thorheiten in ihrer Nichtswürdigkeit dargestellt hat (und solche Schauspiele vertheidige ich) so sind die dadurch erregten starken Rührungen der Seele gewiß nicht nachtheilig. In allen diesen Fällen

J   kann

kann unser Gemüth zur Erhebung zu Gott, zum
dankbaren Preis seiner Menschenliebe, zum ernstlichen Gebet wol nicht ungeschickt werden.

§. 29.

Der 22 § des Herrn Seniors verliert sich in allerley weitläuftigen Betrachtungen, deren Einfluß
auf die Entscheidung unserer Streitfrage ich nicht
verstehe. Die Klagen über die fast allgemeine Leichtsinnigkeit im Studiren finde ich nach meiner Erfahrung nicht gegründet. Und (wenn es mir erlaubt
ist, so frey zu reden) im genauen Verstand genommen
habe ich vielleicht weit nähere Gelegenheit, unsere
studirende Jugend zu kennen, als der Herr Senior.
Uebrigens setzt der Herr Senior die Eindrücke der
Schauspiele so weit herunter, als nur ein Mann
thun kann, welcher seine wenige Kenntniß derselben
nicht allein selbst gesteht sondern auch ohne das zureichend verräth, und welcher dafür sich vorgenom-
men hat, sie besto mehr zu verachten. Endlich
wird noch von ausschweifenden übertriebenen und
nicht selten in das Ungereimte verfallenden Aufder-
ungen der Schaubühne geredt. Wen das gelten
soll, weiß ich nicht. Mich trifft es gewiß nicht,
dessen werden alle unpartheische Leser mir Zeugniß
geben.

geben. Ich halte gute Schauspiele entweder für nützlich oder wenigstens für ermunternd. Aber für; wahr ich weiß auch eben so gut als der Herr Senior, wie sehr vieles noch zur wirklichen Entstehung Erweisung und Befestigung der Tugend erfordert werde, was auch das beste Schauspiel nicht leisten wird.

§. 30.

In dem 23 § wird zuerst von der Schaubühne zu Rom vor vielen hundert Jahren geredt: und das können die Leser überschlagen, da nach dem Titel des Buchs nur die Sittlichkeit der heutigen teutschen Schaubühne soll untersucht werden.

Der andere Abschnitt rühmt die bisher gelieferten Beweise der Schädlichkeit der Schauspiele; wobey ich, zur Vollendung ihres Ruhms, die Leser bitte, meine iedem derselben hinzugefügte Anmerkungen zugleich dabey zu lesen.

In dem letzten Abschnitt leitet der Herr Senior das Verarmen vieler Häuser und Personen und sogar die sich so sehr häufenden verderblichen Bankerute daher, weil wir ein Schauspielhaus haben. Die Berechnung ist mir zu hoch. Unsere Herren Kaufleute mögen sie beurtheilen.

Als

Als eine Kleinigkeit merke ich noch an, daß der Herr Senior auch hier, wie ihm gewöhnlich ist, blos die übertriebene Liebe zu Schauspielen bezeichnet und tadelt, und sich doch dabey gewissermaßen das Ansehen giebt, als ob er dadurch etwas zum Nachtheil der Schauspiele für sich genommen gesagt habe.

§. 31.

In dem Anfang des 24 § sagt der Herr Senior: „Wie könnte ich zweifeln, Leser zu finden, welche „in meinen Gründen Stärke und Ueberzeugung „wahrnehmen?„ Ein grosses Zutrauen! Wie gegründet es sey, will ich ietzt nicht untersuchen. Nur das muß ich dabey erinnern, daß es noch sehr darauf ankommt, was das für Leser sind, vernünftige oder einfältige, ehrliche oder partheiische Leser?

Uebrigens bemüht der Herr Senior sich, auch selbst die Trauerspiele von ihrem Werht herunter zu setzen. Wie stark aber seine Gründe sind, das mag ieder, welcher nur einige Kenntniß von Trauerspielen hat, selbst beurtheilen. Aber daß der Herr Senior, welcher gesteht, daß er keinen Codrus des Cronegks keinen Canut des Schlegels gelesen hat, und welcher im Vorbeigehen von den Trauerspielen

des

des Voltaire so wenig Kenntniß verräth, daß er den Verdacht auf sie wirft, als ob sie Gift und Pest ausbreiteten, daß der von dem sittlichen Wehrt unserer Trauerspiele urtheilen will, fürwahr das ist eine ausserordentliche Erscheinung.

§. 32.

Jetzt greift der Herr Senior die Trauerspiele recht ernstlich an. Aber mit welchen Waffen? Das mögen die Leser beurtheilen, wenn ich ihnen nur einige wenige Grundsätze des Herrn Seniors, auf welchen seine Angriffe beruhen, und die Art, wie er schliesset, werde angezeigt haben.

Fürs erste „setzt der Herr Senior als eine unstrei„tige Erfahrung voraus, daß die meisten Zuschauer „eines Trauerspiels die Absicht haben, sich an den „Leiden der vorgestellten Personen zu vergnügen.„ Eine entsetzliche Behauptung! Aber Gottlob daß sie eben so unrichtig als unerwiesen ist. Sie ist unrichtig: denn die tägliche Erfahrung wiederlegt sie. Wenn doch der Herr Senior, welcher von vielen rechtschaffenen Leuten so ungerecht denkt, blos weil sie die ihm ietzt so verhaßten Schauspiele besuchen, einmahl bey der Aufführung einer Sara Samson, eines Romeo und Julie, eines Julie und

Belmont

Belmont und vieler anderr gegenwärtig wäre, und
sähe, welche Leute hineingegangen sind; um Zus.
schauer dabey zu sein; würde er noch wol so ver:
ächtlich von ihrem Herzen reden? Ja wenn er die:
sen Leuten sagte: Ihr geht doch nur hin, um euch
an dem vorgestellten Elend zu vergnügen; was wür:
den sie ihm antworten, und welche Antwort hätte
er auch verdient! Die Behauptung des Herrn Se:
niors ist ferner sehr unerwiesen. Sein Beweis ist
dieser: „Weil bey der Ausführung der Missethäter
„zum Richtplatz ein ungeheurer Zusammenlauf von
„Menschen ist; so gehen die Zuschauer eines Trauer:
„spiels in der Absicht ins Schauspielhaus, um sich
„an dem Unglück der leidenden Personen zu ergötzen.„
  Ich antworte einmahl, woher weiß den der Herr
Senior, daß viele Leute bey solchen Hinrichtungen
jene grausame Absicht haben, ihre Augen an dem
schrecklichen Tod der Missethäter zu weiden, daß
sie nicht vielmehr theils aus bloßer Neugierde, theils
um sich mit einiger Manier einen freien Tag zu ma:
chen, zusammenlaufen? Woher weiß er, ob nicht
viele die ernstliche Absicht haben, ihrer Seele auf
eine recht lebhafte Art die Scheu für gewissen La:
stern einzudrucken? Woher weiß er, ob nicht viele

andere

andere Dinge bey diesen und jenen Ursachen eines solchen Auflaufs sind? Wie wenn jemand so schließen wollte: Weil am stillen Freitag die Kirchen von Menschen vollgepfropft sind; so ist unstreitig, daß diese Menge größtentheils nur die Absicht hegt, sich an der Beschreibung derer Martern zu vergnügen, welche unser Erlöser ausgestanden hat? Was würde der Herr Senior dazu sagen? Und gleichwol schließet er eben so.

Zweitens hätte doch wol der Herr Senior, ehe er einen so beinahe allgemeinen Ausspruch über die Zuschauer solcher Hinrichtungen that, seinen Lesern sagen müssen, theils wie viele von jenen er nach der Absicht ihrer Gegenwart befragt, und wie viele ihm eine solche Absicht, als er behauptet, gestanden haben, theils aus welchen sichern Beweisen er bey vielen andern geschlossen, daß sie eben dieselbe Absicht hegten. So etwas vermuthet man doch von einem Schriftsteller, wenn er von einer unstreitigen Erfahrung bey den meisten Menschen redet.

Drittens sehe ich den Schluß von den Hinrichtungen der Missethäter auf die Trauerspiele nicht ein. Denn bey jenen sind alle Zuschauer überzeugt, daß der gewaltsame Tod verdient sey, und das kann

J 4

bey einigen die Ursache sein, warum ihr Mitleid gemässigt oder gar nicht zu merken ist. Ferner sind die Zuschauer gröstentheils von dem durchgeführten Missethäter und von dem Gerichtplatz so weit entfernt, und haben einen so geschwinden Anblick desselben, daß die Erregung ihres Mitleids nicht sehr lebhaft und dauernd sein kann. Imgleichen zeigt der Delinquent in seinem äusserlichen Betragen zu wenig solcher Empfindungen, welche ihn als einen mitleidenswürdigen Unglücklichen darstellen. Endlich kann auch die Vorstellung seiner Bekehrung und guten Vorbereitung zum Tod die Regungen des Mitleids schwächen. Trifft das alles auf die Trauerspiele zu?

Viertens berufe ich mich auf alle, welche bey jenen Ausführungen und Hinrichtungen gegenwärtig gewesen sind, und fordere diejenigen auf, denen der Herr Senior eine solche grausame Liebe zum Anblick des Elendes zutraut, daß sie durch ihr aufrichtiges Zeugniß seinen Satz mit beweisen helfen. Wie viel sollten wol auftreten? Ich kenne doch auch ziemlich viel Menschen unserer Stadt, und vielleicht eben so viel als der Herr Senior. Aber Gottlob ich kenne keinen dem ich dergleichen

gleichen unmenschliche Gesinnung, ohne Uebereilung und Lieblosigkeit zutrauen könnte.

Fürs andere treibt der Herr Senior seinen Verdacht, welchen er vorhin eine unstreitige und fast allgemeine Erfahrung nannte, noch weiter. Er sagt: „sollten wol nicht einige Zuschauer eines „Trauerspiels die reinste Tugend nicht allein mit „Vergnügen leiden sehen, sondern auch wünschen, „im menschlichen Leben selbst dergleichen tugendhafte „Personen zu verfolgen zu quälen und zu unterdrü„cken?„ Ein schrecklicher und ich möchte sagen unnatürlicher Verdacht, welchen der Herr Senior daher sogleich selbst auf ganz wenige Menschen einschränkt! Daß ein solcher Unmensch sein könne, ist wol nicht zu leugnen, da man Erfahrungen gehabt hat, daß einer einen ehrlichen Mann um einer unschuldigen Handlung willen auf die hämischste Art verlästerte und verfolgte, und ihn gern von aller Achtung und Ehre heruntersetzte, und den Segen seiner redlichen Berufsgeschäfte gern zernichtete. Aber freilich, wie der Herr Senior selbst sagt, „ich will hoffen, daß „die Anzahl solcher Ebenbilder des Satans die „kleinste sey.„

Fürs

Fürs dritte „meint er, daß auf dem Schau‹
„plaß erregte Mitleiden sey wol nicht von langer
„Dauer, weil es durch erdichtete Personen erregt
„worden.“ Diesem wiederspreche ich aus meiner
eigenen und vieler andern mir bekannten Erfah‹
rung. Ja ich wage sogar zu behaupten, daß der
Herr Senior selbst, da er wenigstens Romeo und
Julie gelesen hat, bey der Erinnerung dieser und
der übrigen interessirten Personen noch immer Mit‹
leid empfinde. Uebrigens wird bey dem Anblick
auch eines erdichteten Elendes unsere Seele leicht
den Gedanken haben, daß eben dergleichen im
menschlichen Leben sehr wohl vorkommen könne und
vielleicht häufig vorkomme.

Fünftens „behauptet der Herr Senior, die
„Trauerspiele würden zur Lenkung des Willens
„nichts beitragen, weil sie nicht vorher den Ver‹
„stand überzeugten.“ Ich antworte. Ein geschick‹
tes Trauerspiel hüllet theils die Ueberzeugungen
des Verstandes nur in eine lebhaftere Einkleidung
ein, theils giebt es denen Ueberzeugungen, welche
wir dem ruhigen Nachdenken zu danken haben, und
welche gleichwol zuweilen ziemlich kalt bleiben, mehr
Feuer und Stärke.

Sech‹

Sechstens „klagt der Herr Senior über die „lustige Nachspiele und Pantomimen, welche zu= „weilen auf die Trauerspiele folgen." Das ist oben im 15 Paragraph auf der 78 Seite beant= wortet.

Siebentens „empfindet er den Umstand, daß „ein Akteur, welcher die wichtigste Rolle im Trauer= „spiel gehabt, in dem folgenden Nachspiel eine „lustige Person vorstelle." Ich empfinde ihn auch, und gehe, wenn ich dergleichen vermuthen kann oder wirklich merke, alsbald vom Schauplatz weg, wofern ich irgends dadurch eine Schwächung der guten durch das Trauerspiel erweckten Regungen befürchte. Aber es giebt auch sehr unschuldige Nachspiele: und dann ist jener Umstand und diese Furcht sehr schwach. Den Harlekin, welchen der Herr Senior in seiner Schrift so oft auftreten läßt, wird in den Nachspielen der Kochschen Ackermann= schen und Hannöverschen Gesellschaften gar nicht mehr gelitten. Und in einem Ballet oder einer Operette stellt er entweder eine sehr gleichgültige Person vor, oder darf wenigstens keine Unanstän= digkeit sagen oder thun.

Achtens zieht der Herr Senior Goeze gegen Herrn Weiſſe als tragiſchen Dichter zu Felde. Sein Romeo und Julie ſoll zum Selbſtmord ver= leiten. Romeo, welcher grade durch einen über= eilten Selbſtmord ſich unglücklich macht, und ſich auſſer Stánd ſetzt, der auf ihn wartenden Glück= ſeligkeit zu genieſſen, Romeo, welcher, ehe er gänz= lich ſtirbt, ſelbſt noch die ſchreckliche Erfahrung hat, daß er glücklich ſein würde, wenn er nicht Gift genommen hátte, Romeo, deſſen Bedienter zu ihm ſagt: Herr, der Selbſtmord iſt ein Ver= brechen; und ich würde Theil daran nehmen und auch ein Verbrecher werden, wenn ich ihn nicht verhinderte, Romeo, welcher noch mitten in der böſen Stunde mitten in der übereilten ſchrecklichen Verzweifelung ſo viel Bewuſtſein behält, daß er ausruft: Iſt der Selbſtmord ein Verbrechen; ſo erbarme ſich Gott meiner nach ſeiner unendlichen Barmherzigkeit, Romeo, welcher die Folgen ſeiner raſenden Uebereilung mit Entſetzen gewahr wird, dieſer Romeo ſoll zum Selbſtmord verleiten. Ich freute mich vorhin, da der Herr Senior ſich mer= ken ließ, wenigſtens dieſes Trauerſpiel geleſen zu haben.

haben. Aber fürwahr wenn er alle Trauerspiele
so liest; so wünsche ich, daß er gar keine lese.

§. 33.

In dem 26 § ist ein förmlicher komischer Krieg.
Auf der einen Seite stehen die Herren Gellert Leſ-
sing und Weiſſe, auf der andern der Herr Senior
Goeze. Wir werden nun ſehen, ob und wie ſich
die Herren gegen die Angriffe ihres Feindes vertheidigen werden. Schlegel und Cronegk kommen
dießmahl nicht mit in den Streit: denn der Herr
Senior hat von ihren Stücken keine geleſen.
Was in dem letzten Abſchnitt des Paragraph
ſteht, iſt ſo oft vorgekommen und von mir ſo oft
beurtheilt worden, daß es mir grade ſo wiederlich
ſein würde als meinen Leſern, noch ein Wort davon
zu wiederholen.

§. 34.

Nun ſchlieſſet ſich mit dem 27 § die allgemeine
Unterſuchung der Sittlichkeit der heutigen teutſchen
Schaubühne, ſo wie der Herr Senior Goeze ſie
angeſtellt hat. Er triumphirt ſehr. Seinen Triumph
recht wahrzunehmen, werden meine Leſer die von
mir bisher dazu mit beigetragenen Lorbeerzweige
nicht aus der Acht laſſen.

Es

Es wäre aber Schade gewesen, wenn der Herr Senior bey diesem Triumph nicht auch einige gefangene Feinde in Ketten mit sich geführt hätte. Und wer wäre dazu wohl näher, als meine Wenigkeit? Sehen Sie also, meine Leser, mich in einer sehr traurigen Gestalt folgendermassen geschildert einhergehen: „Wie groß ist die Verschuldung derer, „welche die Schaubühne überhaupt anpreisen, ihren „Mitbürgern und insonderheit der Jugend die „fleissige Besuchung derselben als eines der kräftig„sten Mittel zur Besserung und Bildung ihres „Herzens anrathen, solche sogar den Tempeln an „die Seite setzen, und sich nicht entblöden vorzu„geben, daß die Religion und die Comödie zu „einem Zweck arbeiten, und also wol gar in einem „Paare gehen könnten! Darf man sich wundern, „wenn solche Leute Beifall finden? wenn sich ein „grosser Haufe mit einem lauten Geschreye für „dieselben erklärt? wenn alle diejenigen, welche „die Feder führen, um der Welt zu gefallen, ihre „Herolde werden, und ihnen ihre übertriebene und „so vielen unbefestigten Seelen nachtheilige und „gefährliche Vertheidigung der Schaubühne als „grosse und ausgezeichnete Verdienste um die

„Wohl-

„Wohlfahrt des menschlichen Geschlechts anrech-
„nen?" und so weiter.

Finis coronat opus.

Das Ende krönt das Werk.

§. 35.

Diesem Ende der allgemeinen Untersuchung
des Herrn Seniors Goeze über die Sittlichkeit der
heutigen teutschen Schaubühne wird nun gleich der
Anfang der besondern Untersuchung des Antheils
angehänkt, welchen ein Geistlicher an Schauspielen
nehmen darf. Ich hoffe mit meinen Anmerkungen
dazu kürzer abkommen zu können, als bey jenem
erstem Theil: da ich vermuthlich auf vieles vorhin
Gesagte mich berufen kann. Ueberhaupt aber kann
jeder Vernünftiger leicht den Schluß machen:
Da die heftigen Beschuldigungen, welche der Herr
Senior wieder die Schauspiele aufbringt, ungemein viel von ihrer Richtigkeit verlieren wo nicht
gar gänzlich wegfallen; so betrifft eben dieses Schicksal diejenigen Folgerungen, welche aus ihnen hergeleitet sind, und durch welche ein Prediger, als
Verfasser oder Zuschauer derselben, soll verächtlich
gemacht werden. Doch wir müssen dem Herren
Senior auf dem Fuß nachfolgen, und seinen Gang

genau

genau bemerken, und einige feiner. Schritte und
Wendungen befonders auszeichnen.

§. 36.

In dem 28 § redet der Senior von einem wie=
der die Schaufpiele eiferndem Sittenlehrer, welcher
bey feinem Eifer einen aus menfchlicher Schwach=
heit herrührenden Fehltritt gethan habe. Einige
einfältige Leute meinen, der Herr Senior habe
hier dem Verfaffer der beiden Angriffe auf
Herrn Paftor Schloffer einigermaffen das Wort
reden wollen. Aber wie kann man das von einem
fo angefehnen Geiftlichen, von einem Senior des
Minifterium vermuthen, daß er einen Mann, der
fo offenbar und mit groffem Bedacht äufferft böfe
gehandelt, und feine böfe That noch einmahl und
mit demfelben Bedacht wiederholt hat, durch den
Vorwand eines aus menfchlicher Schwachheit her=
rührenden Fehltritts entfchuldigen wolle?

Eben fo einfältig ift das Urtheil einiger, welche
glauben, der Herr Senior habe in folgender Stelle
nebft andern mich gemeint: „Ein folcher Eiferer
„wieder die Schaufpiele findet allenthalben Richter,
„welche fich felbft die gröffeften Verbrechen überfehen,
„fich bey ihren herrfchenden Laftern in ihrem Herzen
„fegnen,

"segnen, ihn aber, wenn es in ihrem Vermögen
"stünde, ohne Barmherzigkeit zum Tod verdam:
"men würden." Wie lieblos müste der Herr Senior Goeze gesinnt sein, wenn er so von mir dächte,
und wie feindselig, wenn er auch nur so von mir
redete!

In der Behauptung des Herrn Seniors, welche
auf der 115 Seite steht, "daß alle die Sittenlehrer,
"welche unter ändern die Schauspiele verdammen,
"nichts vor Gott werden zu verantworten haben,
"und daß ihnen die Worte des Apostels 2 Cor. 5,
"13: Thun wir zuviel; so thun wirs dem Herrn, zu
"Statten kommen," bin ich sehr anderer Meinung.
Das gebe ich zu, daß wer aus ehrlichem Herzen,
aber irrendem Gewissen, und ohne alle böse Absicht
eine Sache verwirft, von Gott einigermassen könne
entschuldigt werden. Aber nun ist die grosse Frage:
Haben alle die blinden Eiferer wieder die Schau:
spiele ein ehrliches Herz und keine böse Absicht, und
fehlen sie blos aus einem irrendem Gewissen?

Die Schlittenfahrt eines Predigers in Alt:
dorf im Jahr 1738, welche in der Note auf der
116 Seite steht, mag sich wundern, wie sie hieher
kommt, und was sie zur Entscheidung der Theil:

K   neh:

nehmung eines Predigers an der heutigen Schaubühne beitragen soll.

Der Ausdruck auf der 117 Seite: „Lustbar-
„keiten der eiteln Welt" gehört hieher nicht eher,
als bis der Herr Senior bewiesen hat, daß die
Schauspiele, von welchen die Freunde derselben
reden, wirklich zur eiteln Welt gehören. Und den
Beweis wird man in der vorigen Abhandlung nun
wol schwerlich finden.

Auf der 117 Seite steht: „Man hat zu allen
„Zeiten eingesehn, daß ein Prediger, welcher unter
„andern an Schauspielen theilnimmt, die von Paullo
„an den Timotheum und Titum gegebenen und aus
„der Natur des Lehramts fliessenden Regeln öffent-
„lich und vor den Augen seiner Zuhörer mit Füssen
„trete, und dadurch das offenbarste schrecklichste
„und verderblichste Aergerniß gebe." Hier mag man
wol sagen: Schreckliche Worte! wir müssen sie
noch einmahl lesen. Aber mehr verdienen sie auch
nicht. Eindruck müssen sie nicht machen. Denn
die Ehre kommt nur gründlich bewiesenen Behauptungen zu. Das übrige in diesem § des
Herrn Seniors ist aus oft wiederholten Anmerkungen leicht zu beurtheilen.

§. 37.

§. 22.

Der 29 § enthält eine weitläuftige Deklama=
zion, welche die Streitfrage nicht betrifft, und
welche ich also mit Recht übergehe. Der noch
viel weitläuftigere 30 § gehört noch weniger zur
Entscheidung der Sache, auf welche es hier an=
kommt, und wird also mit eben dem Recht von
mir übergangen. Die Kleinigkeit möchte ich noch
bemerken, welche mir bey der Note der 125 Seite
aufgefallen ist. Der Herr Senior sagt, „das Pre=
„digen sey eine der allerheiligsten und wichtigsten
„Handlungen des Predigtampts.“ Und gleichwol
hat eben der Herr Senior mich ehedem versichert,
daß er seine Predigten als eine Nebensache ansehe
und treibe, und daß ihm eine Predigt gewöhnlicher=
weise höchstens nur zwo Stunden Vorbereitung
koste. Ich habe auch wirklich die Wahrheit seiner
Erklärung gewissermassen bestätigt gefunden. Denn
ich erinnere mich sehr genau, einst an einem Don=
nerstag Vormittags zwo Stunden nach einer von
dem Herrn Senior gehaltenen Predigt, in einer
ruhigen Gesellschaft allein mit meinem seligen
Vater, ihn nach dem vorgetragenen Text ge=
fragt zu haben. Allein ungeachtet alles Nach=

sin=

finnens konnte er ſich deſſen nicht mehr erin=
nern.

§. 38.

Auf der 130 Seite fängt ſich eine Note an,
welche ganz allein mich betrifft, und über deren
Erſcheinung in dieſer Schrift man ſich wundern
würde, wenn man den Herrn Senior nicht kennte.
Ich muß meine Leſer, welche von der Sache,
welche hier vorkommt, nicht unterrichtet ſind, durch
einen kleinen Vorbericht in den Stand ſetzen, recht
davon zu urtheilen, die übrigen aber, denen die=
ſes Langeweile verurſachen möchte, um Verzeihung
bitten. Grade vor zwey Jahren hatte ich die Ehre,
mit einer angeſehnen Dame, welche Wittwe war,
zum erſten Mahl zu reden. Ich nahm mir die
Freiheit, ihr zu einer zwoten Verbindung Glück zu
wünſchen, von welcher ein ziemlich allgemeines
Gerücht ſich ausgebreitet hatte. Sie leugnete die
Wahrheit der Sache, und behauptete, daß ſie ſich
nie wieder verheirathen werde. Ich ſah das für
einen Scherz an. Sie aber ſagte, ich ſollte das
Recht haben, wofern ſie ſich wieder verheirathete,
ihr vorzuhalten, daß ſie mich alſo habe hinter=
gehen wollen. Ich drohte wirklich im Scherz,

daß

daß ich von dieſer Erlaubniß Gebrauch machen
werde. Nach etwa vier Wochen ward es ganz
allgemein bekannt, daß ſie einen vortrefflichen jun=
gen Kauffmann heirathen werde. Die Hochzeit
geſchah wirklich am 8 Dezember 1767. Etwa vier
Tage vor der Hochzeit fiel mir ein, der Braut
einen Glückwunſch zu ſenden, und ihn in einen
unſchuldigen Scherz einzukleiden. Ich ſchrieb
einen franzöſiſchen Brief an ſie, ſo gut ein Menſch
kann, welcher nie viel Uebung im franzöſiſchen Reden
und Schreiben gehabt hat. Dieſer Brief enthielt
die Erzählung jenes Geſprächs, und der fügte ich
im Scherz einige Drohungen hinzu, welche an
der garderobe der toilette und der coëffure der jun=
gen Frau ſollten erfüllt werden, weil ſie die vor
ein Paar Monaten ſo ernſtlich geſchienenen Ver=
ſicherungen blos gethan habe, um mich zu hinter=
gehen. Die ganze hochzeitliche Geſellſchaft und
viele andere laſen den Brief, und erkannten ihn für
das, was er wahrhaftig iſt, für einen unſchuldi=
gen Scherz, welcher höchſtens einmahl möchte ge=
leſen und dann, gleich allen Gelegenheitsſchriften,
vergeſſen werden. Aber der Herr Senior Goeze,
deſſen Zorn ich ſeit meiner Vertheidigung des Herrn

K 3   Paſt.

Paſt. Schloſſers mir zugezogen habe, bringt dieſen längſt vergeſſenen Brief in das gelehrte und beſonders in das theologſche Publikum. Und in welcher Abſicht? Um der ganzen ehrbaren Welt einen öffentlichen und ſichern Beweis zu geben, „daß ich die Gränzen des Wohlſtandes überſchreite, „und daß ich, nach Art der Welt und nach dem „Vorbild ſo vieler leichtſinniger Schriftſteller mir „unanſtändige Scherze, kriechende Schmeicheleien „gegen das Frauenzimmer und dergleichen mehr „erlaube, und daß ich dadurch Aergerniß gebe und „weit ausbreite.“ Was denken ſie davon, meine Leſer? Aber erlauben ſie mir doch, die Einkleidungen des Herrn Seniors, welcher mich, den Vertheidiger des Herrn Paſtor Schloſſers, gern recht ſehr verächtlich machen möchte, ſo kurz als möglich zu bemerken.

Einmahl beliebt es ihm zu ſagen: Vor einiger „Zeit kam mir ein franzöſiſcher Brief in die Hände.“ Da der Herr Senior dieſes ſchrieb; waren es zuverläſſig anderthalb Jahre, als er den Brief zum erſten Mahl ſah. Er kam ihm auch nicht als von ungefähr in die Hände: ſondern durch einen Menſchen, welcher in ſeinem und meinem Haus täglich

ein

ein und aus geht, ließ er mich um ein Exemplar
desselben bitten, mit dem ausdrücklichen Zusatz:
er habe vieles von demselben gehört, und wolle
ihn doch gern selbst lesen, um gegen die, welche
etwas gegen ihn zu erinnern hätten, meine Parthey mit Gewißheit nehmen zu können. Wenn er
nun etwas Anstößiges in demselben fand; o warum
sagte oder schrieb er mir das nicht? Er hatte doch
wol ehedem eine Stelle einer meiner Schriften, in
welcher er mit mir nicht einerley Meinung war,
einen freundschaftlichen Brief an mich geschrieben,
und eine eben so freundschaftliche Beantwortung
seiner Gedanken von mir empfangen. Aber vielleicht fand der Herr Senior Goeze in jenem fran-
zösischen Brief nicht eher etwas Anstößiges, als
nach meiner Vertheidigung des Herrn Past. Schloß-
fers. Von der Zeit an aber, „findet er sich (wie
ihm zu sagen beliebt) „in seinem Gewissen verbun-
„den, sein Misfallen darüber auch öffentlich zu be-
„zeugen.“ Welch ein Gewissen!

Fürs andere meint der Herr Senior, die Unanständigkeit jenes unschuldigen Scherzes dadurch
schon anzuzeigen, weil ich ein Mann sey, „welcher
„zwar kein eigentliches geistliches Lehramt ver-

waltet

„waltet, aber doch die Kanzeln öfters betritt." Die=
ser vermeintlicher Wiederspruch war also dem Herrn
Senior länger als ein Jahr gar nicht eingefallen
(denn sonst hätte er doch wol nicht wehrend dieser
Zeit zweimahl, nehmlich am zweeten Ostertag und
am achten Trinitatissonntag 1768 mich seine Stelle
auf seiner Kanzel vertreten lassen). Aber seit der
fatalen Periode, da ich Herrn Pastor Schlosser
vertheidigte, sah er auf einmahl einen Wiederspruch
hierin. Wie doch gewisse Dinge so artig zusam=
menkommen!

Fürs dritte „will der Herr Senior die Welt
„überreden, er habe meinen Brief mit inniger
„Wehmuth seines Herzens gelesen, und er glaube,
„daß alle wahre Christen, welchen derselbe zu Ge=
„sicht gekommen ist, ein gleiches werden empfun=
„den haben." Wenn man eine solche Erklärung
eines Predigers, dem das achte Gebot: Du sollt
kein falsches Zeugniß reden wieder deinen Näch=
sten, wichtig sein muß, liefet; sollte man da nicht
die ärgsten Dinge vermuthen? Und gleichwol for=
dere ich ieden ehrlichen Menschen auf, welcher in dem
ganzen Brief auch nur einen Ausdruck zeigen kann,
in welchem die Religion die Ehrbarkeit und die

guten

guten Sitten verletzt wären. Ich möchte gern zu
meiner Rechtfertigung den Brief ganz abdrucken
laſſen. Aber tauſend müſſige Leute würden auch
darauf etwas zu ſagen haben. Ueberdas hat der
Herr Senior eine lange Stelle deſſelben angeführt.
Der übrige Theil enthält die Veranlaſſung dieſes
bloſſen unſchuldigen Scherzes; und von dem Be=
ſchluß werde ich hernach etwas einrücken. Ich
biete indeſſen einige wenige Exemplare, die ich
noch beſitze, zum Durchleſen iedem Neugierigen
an: und fürchte auch den genauſten Kritikus von
der Seite der Sittlichkeit nicht, wenn er nur kein
Chicaneur iſt. Und wenn ich von dem Herrn Senior
meine wahre Meinung frey ſagen ſoll: ſo geſtehe
ich, daß mir ſein Zeugniß von der bey Leſung
meines Briefs vorgeblich empfundenen innigen
Wehmuth ſeines Herzens grade ſo vorkommt, wie
das, was er kurz vorher von dem Drang ſeines Ge=
wiſſens ſagt, ſein Misfallen über denſelben öffent=
lich an den Tag zu legen. Wenn aber der Herr
Senior Goeze vorgiebt zu glauben, daß alle wahre
Chriſten bey dem Leſen dieſes Briefs eben derglei=
chen innige Wehmuth ihres Herzens empfunden
haben; ſo würde ich, wofern ſeine Vermuthung

K 5
ge=

gegründet wäre, vorzüglich jenes Brautpaar und
die ganze aus den angesehnsten Personen unserer
Stadt bestandene Hochzeitgesellschaft bedauren, daß
ich ihnen Ihre Freude an diesem feierlichem Tag in
Trauren verwandelt habe. Wie viel Unheil ein in
den Augen des Herrn Seniors Goeze so unbedeu-
tender Mensch gleichwol auf solche Art anrichten
kann! Aber bey dem allen muß ich doch, nach dem
Zeugniß eben des Herrn Seniors Goeze, welcher
seit einem halben Jahr mit so viel Verachtung auf
mich herabsieht, ein wirklicher Wohlthäter der ganzen Christenheit durch jenen Brief geworden sein.
Denn sind seine Worte wahr, daß alle wahre Christen ihn mit inniger Wehmuth ihres Herzens lesen; so folgt ganz deutlich, daß wer ihn ohne innige Wehmuth seines Herzens liest, kein wahrer
Christ ist. Wir haben also nun ein sicheres Mittel mehr, um zu erkennen, ob iemand nur seiner
Meinung nach, aber nicht in der That, ein wahrer Christ sey. Sollte Gott auch wol so urtheilen,
wie der Herr Senior Goeze?

Viertens erscheint ein ziemliches Stück meines
Briefs, „aus welchem die Leser urtheilen sollen, ob
„das Urtheil des Herrn Seniors gegründet sey.‟

Wer

Wer seine Schrift besitzt, wird die Stelle nun längst
gelesen haben, und viele andere haben den ganzen
Brief seit beinahe zwey Jahren gelesen. Aber ich
bitte alle Leser, sich die Mühe zu nehmen, und das
Gelesene noch einmahl mit Bedacht zu wiederholen,
und denn nach der strengsten Kritik zu urtheilen, ob
man, ohne durch Nebenursachen wieder mich aufs
gebracht zu sein, auch nur ein anstössiges Wort
darin finden könne. Doch der Herr Senior hat
drey Worte mit andern Buchstaben drucken lassen,
und ich schliesse daraus, daß darin das vorgebliche
Gift liegen soll. Sie sind diese: en qualité d'ora-
teur. Ich hatte nemlich im Scherz gesagt: „ich
„will als Redner Ihnen, Madame, ein Schick-
„sal ihrer toilette ihrer garderobe und ihrer Gaste-
„reien weissagen.„ Das soll also wol sehr anstössig
sein. Gleich als ob ein Redner nicht auch im Scherz
reden dürfe, und als ob ein Professor der Beredtsamkeit, welcher seinen Zuhörern die zwo Klassen
der ernstlichen und der Scherzreden ausdrücklich zu
erklären hat, nie selbst einen freundschaftlich glück-
wünschenden Brief als einen Scherz und für einen
Tag aufsetzen dürfe. Wie doch des Herrn Seniors
Art zu denken und zu urtheilen seit jener Schlosser-
                                          schen

ſchen Streitigkeit eine ſo ſonderbare Wendung be=
kommen hat!

Fünftens beliebt es ihm zu ſagen: „daß in die=
„ſem ſcherzenden Ton der ganze Brief fortgehe.„
Und wenn das wäre; würde der Scherz unanſtän=
dig ſein? Aber hier zeigt ſich der wahre Herr Se=
nior Goeze. Leſen ſie alle, denen der ganze Brief
nicht zu Geſicht mag gekommen ſein, leſen ſie folgende
in demſelben befindliche Stellen, und urtheilen ſie, ob
der ganze Brief wirklich im ſcherzenden Ton fortgehe.

C'eſt aujourdhui, Madame, que Vous pronon-
cez devant l'aſſemblée la plus brillante ce mot, par
lequel Vous entrez dans une alliance, dont Vous pre-
tendiez alors être ſi eloignée. Je ſens toute l'im-
portance de cette union; je Vous en predis toutes
les felicités, dont elle n'eſt que le commencement;
& j'y prend part avec toute la ſincerité & toute la
vivacité, dont un homme eſt capable, qui en a fait
l'experience.

Mais Vous, Monſieur, qui allez être uni avec
la vertu & la beauté la plus aimable, agréez, ſ'il
vous plait, mes vocux les plus ſincers pour votre
proſpérité. Vous la méritez par la nobleſſe de votre caractere & par la pureté de vos mœurs. Jouiſ-

ſez

fez toujours de la felicité d'aimer & d'être aimé :
& pardonnez à mon amitié une faillie, qui étant
innocente paſſera bien daus la forme d'un inpromtu.

Et Vous tous, Meſſieurs & Mesdames, qui êtes
temoins de cette heureuſe ſolemnité, & qui daignez
peut-être jetter un regard ſur ce papier, ayez là
bonté de ne prendre en mauvaiſe part la gaïeté du
ton, qui y regne, & qui à mon avis peut bien être
d'accord avec ce véritable ſérieux, qui ſe régle ſe-
lon les lieux & les tems.   Qu'au reſte le jour d'aujourdhui vous faſſe reſſouvenir de ce beau tems, où
d'une maniere ſemblable vous fites le nœud, dont
la durée continue d'étendre ſur toute votre vie les
plaiſirs les plus doux.

Enfin permettez, je vous prie, de finir ma piece
par les paroles de Boileau, qui peut-être ne ſont
pas citées hors de ſaiſon, & qui dans huit lignes
diſent beaucoup plus que tout le galimatias, dont
j'ai rempli plus de douze pages.

Depouillons nous ici d'une vaine fierté:
Nous naiſſons nous vivons pour la ſocieté.
A nous mêmes livrés dans une ſolitude
Notre bonheur bientôt fait notre inquiétude.

Et

Et ſi, durant un joûr, notre premier aïeul
Plus riche d'une côte avoit vêcu tout ſeul;
Je doute, en ſa demeure alors ſi fortunée,
Si n'eut point prié Dieu, d'abréger la journée.

Was iſt das für ein Ton, der in dieſen Stel=
len herrſcht, ernſtlich oder ſcherzhaft? Aber nun
noch eine Frage. Was iſt das für ein Mann, wel=
cher ſagt, daß der ganze Brief in einem ſcherzhaf=
tem und zwar in ſolchem ſcherzhaften Ton geſchrie=
ben ſey, welcher wieder den Wohlſtand iſt, und zum
Anſtoß, zum Nachtheil des Lehramts, und zur
innigen Wehmuth aller wahren Chriſten gereicht?

Sechſtens iſt es dem Herrn Senior Goeze ge=
fällig anzuführen, daß ich der Braut den Vorſchlag
gethan, mich zu dem erſten Feſt, welches ſie nach
ihrer Hochzeit geben würde, einzuladen: und um
auch dieſe Stelle verdächtig zu machen, ſetzt er eine
eigentliche Erklärung dieſes an ſich ſchon überaus
deutlichen Ausdrucks in folgender Parentheſe hinzu:
„man nennet hier dergleichen den luſtigen Nachtag.„
Kann er eine andere Abſicht als dieſe gehabt haben,
auswärtigen Leſern ſeiner Schrift den Gedanken
beizubringen, ein ſolcher Nachtag ſey zu luſtig, als
daß es ſich für mich geſchickt habe, ihm beizuwoh=
nen,

nen, und einheimschen Lesern, welche wissen., daß
an einem lustigen Nachtag allemahl getanzt wird,
einzubilden, daß ich an dem von ihm im Vorhergehenden aufs grausamste verdammtem Tanzen theil-
zunehmen und mitzutanzen gewünscht habe. Allein
hätte der Herr Senior sich dergleichen offenbare Unrichtigkeiten und dergleichen unanständige Sticheleien erlauben sollen? Er hatte den Brief, aus welchem er die Stellen abschrieb, in Händen, und las den
Hochzeittag, an welchem er geschrieben war, in der
Unterschrift: le 8 Decembre 1767. Er sah also,
daß er auf den Dienstag der zwoten Adventswoche
fiel, in welcher keine feierliche Musik zu weltlichen
Lustbarkeiten erlaubt wird, und daß also an dem
Tags darauf gegebenen Gastmahl gewiß nicht getanzt sey. Aber über solche Kleinigkeiten sieht man
weg, wenn es darauf ankommt, einen ehrlichen
Mann auf alle auch noch so unwahrscheinliche Art
verdächtig zu machen.

Und nun mögen siebentens alle vernünftige und
ehrliche Leser urtheilen, ob, wie der Herr Senior
Goeze zu glauben vorgiebt, der Geist Gottes unter
den Eph. 5, 4. genannten ungeziemenden Scherzen
auch diesen meinen Brief kann gemeint haben.

Endlich

Endlich achtens merke ich noch den sonderbaren
Ausdruck des Herrn Seniors an, da er mich einen
Mann nennet, „der sich unterwindet ein Lehrer zu
„sein.„ Wie so? Hat nicht der Herr Senior vor
zehn Jahren nebst seinen Herren Gehülfen mir die
förmliche Erlaubniß ertheilt, auf unsern Kanzeln
zu predigen? Hat er nicht vor acht Jahren auch
durch seine Stimme mir das öffentliche Lehramt
auf unserm Gymnasium mir anvertraut? Und hat
er nicht jährlich etliche Mahle, und selbst, nach=
dem er meinen ihm ietzt so anstößigen Brief gelesen,
noch zwey Mahle selbst verlangt, daß ich seine Stelle
auf seiner Kanzel vertreten möchte?

Aber, meine Leser, die sie bey dem Lesen dieser
Rechtfertigung nicht mehr Langeweile haben können,
als ich bey dem Schreiben derselben gehabt habe,
verzeihen sie, daß ich mir ihre Gedult noch auf ei=
nige Minuten ausbitte. Eine Höflichkeit ist der
andern wehrt. Dem Herrn Senior ist es beliebig
gewesen, einen freundschaftlichen Brief von mir an=
zuführen, und sehr unfreundlich zu beurtheilen. Das
letztere werde ich nie erwiedern. Er hat mich ge=
lehrt, dem Muster dessen zu folgen, welcher nicht
wieder schalt, da er unschuldig gescholten ward.

Aber

Aber das erstere will ich thun, damit die Leser ei=
nige Vergleichung zwischen meiner Art, freund=
schaftliche Scherzbriefe zu schreiben, und der Art
des freundschaftlichen Briefschreibens des Herrn
Seniors Goeze anstellen können. Im vorigen Jahr
kam ein Prediger aus der Grafschaft Mark hier an,
welcher sich Collenbusch nennet. Er war von sei=
ner Gemeine bevollmächtigt, in Teutschland Hol=
land und Engelland eine Kollekte für ihre Kirche zu
sammeln; und die Vorsteher derselben, denen er das
Eingesammelte nach ihrer Verabredung mit ihm so
einsandte, daß er die Hälfte davon auf die nöthigen
Kosten der Reise und seines Aufenthalts an fremden
Oertern verwandte, schrieben ihm von Zeit zu Zeit,
ob er an diesem und jenem Ort noch bleiben und wann
er weiter reisen sollte. Hier in Hamburg ging es mit
seiner Kollekte zuerst langsam, theils weil man kurz
vorher dergleichen Kollekten gehabt hatte, theils
weil er nicht gleich bekannt ward. Wie sich die
Bekanntschaft mehrte; so mehrte sich auch seine Ein=
sammlung. Er hielt sich überhaupt ein halbes
Jahr hier auf, hatte mit den angesehnsten Personen
der Stadt Umgang, war ein sehr guter Gesellschaf=
ter, lebte still und ordentlich, und genoß der un=

L   schul=

schuldigen Freuden, zu welchen die Natur im Früh=
jahr einlud. Um aber auch seine freie Stunden
gut anzuwenden, erbot er sich, wenn es anders hier
(wie an andern Oertern vielfältig geschieht, daß
man fremde Prediger predigen läſſet, und ſie wol gar
recht darum erſucht) erlaubt ſey, zuweilen einigen
unſerer Herren Prediger eine Arbeit abzunehmen.
Da das aber nach unſern kirchlichen Einrichtungen,
die Wahlpredigten ausgenommen, nicht gewöhn=
lich iſt; ſo predigte er nur auſſer der Stadt zwei=
mahl in der Vorſtadt Hamm, einmahl in Wandsbeck,
und einmahl in Billwerder. Bey ſeinem hieſigen halb=
jährigen Aufenthalt beſuchte er den Herrn Senior
Goeze zu allererſt, dann andere Herren des Miniſte=
rium, und unter andern dreimahl unſern vortreffli=
chen Herrn Paſt. Alberti, einen Gehülfen und Nach=
bar des Herrn Seniors Goeze. Einmahl traf es ſich,
daß er in Geſellſchaft einiger verehrungswürdiger
Herren des Raths und anderer angeſehner Perſonen
und auch des Herrn Prof. Baſedow aus Altona
bey Herrn Alberti ſpeiſte. Von dieſer Zeit an hatte
er das Unglück, dem Herrn Senior Goeze misfäl=
lig zu werden, und die übeln Nachreden deſſelben
gar häufig zu erfahren. Sogar einen ſchriftlichen
Beweis

Beweis davon habe ich gelesen. Er schrieb an einen auswärtigen Prediger, welcher den Herrn Pastor Collenbusch von einer sehr guten Seite kennen gelernt, und ihn daher bey seiner Reise nach Hamburg an den Herrn Senior unsers Ministerium empfohlen hatte, folgenden Brief zur Antwort, welchen ich nur mittheilen darf, um meine Leser, welche den Senior Goeze noch nicht kennen sollten, in den Stand zu setzen, ihn kennen zu lernen.

„Der Herr Pastor Collenbusch hält sich schon „seit dem Anfang dieses Jahrs hier auf. Wie er „das vor Gott und seiner Gemeine verantworten „könne, sie so lange zu verlassen, begreife ich nicht. „Seine Freunde haben gesucht, es dahin zu brin„gen, daß er hier in der Stadt predigen möge. „Aber ich habe es bisher verhindert. Dafür predigt „er jetzt auf den Dörfern herum. Ich sehe ihn „täglich in meiner Nachbarschaft mit Basedow „und ähnlichen Leuten. Er scheint sein Zelt in „Hamburg aufschlagen zu wollen. Wenn das Sprich„wort: man soll einen Menschen nach seinen Gesell„schaftern beurtheilen, [Richtigkeit hat; so bewahre „Gott unsere Gemeinen vor diesem Mann.

Was sagen sie dazu, meine Leser?

Was

Was sagen sie ferner zu den Worten des Herrn
Seniors Goeze, mit welchen er den 31 § beschließt:
„Meine Freudigkeit ist um so viel grösser, da mich
„mein Ampt Stand und Beruf besonders zu der=
„gleichen Vorträgen und Zeugnissen verbinden, ich
„auch das Zeugniß meines Gewissens vor Gott
„habe, das ich niemand habe persönlich beleidi=
„gen, sondern blos nach meiner Ueberzeugung aus
„dem Wort Gottes, und zum weitern heilsamen
„Nachdenken, auch zu einer aufrichtigen Selbstprü=
„fung die Veranlassung geben wollen.

§. 39.

In den drey Paragraphen vom 32 bis zum 34
kommen zuerst Dinge vor, welche gar nicht von der
gegenwärtigen teutschen Schaubühne handeln, und
also zur Entscheidung der Frage, wieweit ein Pre=
diger an derselben theilnehmen dürfe, nichts bei=
tragen. Dann werden allerley im Vorhergehen=
den schon gesagte und von mir daselbst mit den nö=
thigen Anmerkungen begleitete Sätze wiederholt.
Beides übergehe ich also mit Recht. Nur noch ein
Paar Worte.

Auf der 141 Seite heißt es: „wir haben Schrif=
„ten vor Augen, in welchen das Besuchen der
„Schau=

„Schaubühne an einem Prediger mit der äussersten
„Heftigkeit vertheidigt wird.„ Welche Schriften
der Herr Senior damit gemeint habe, kann ich nicht
wissen. Meine Vertheidigung des Herrn Pastors
Schlossers ist gewiß nicht darunter. In derselben
habe ich von dieser Sache im 8 § in der 5 Anmerkung mit solchem Bedacht und solcher Einschränkung geredt, daß wer darin Heftigkeit finden wollte,
sie vorher aus seinem eigenen Herzen müste hinein-
getragen haben.

In dem 34 § auf der 143 Seite wirft der Herr
Senior seinen Gegnern einen Fehler im Schliessen
vor, welchen noch kein vernünftiger Mensch gemacht
hat. Und nun muß es ihm freilich sehr leicht werden, eine Deklamazion von einer ganzen Seite dagegen zu machen.

§. 40.

Der fünf und dreißigste Paragraph des Herrn
Seniors ist für mich gar nicht wichtig, da ich in
meiner ersten Vertheidigung auf der 40 Seite ausdrücklich gesagt habe, „daß ein Prediger, um man-
„chen einfältigen und schwachen Mitgliedern seiner
„Gemeine keinen Anstoß zu geben, Ursachen gnug

„haben kann, an seinem Ort den öffentlichen Schau=
„plaß nicht zu besuchen.

Den harten Ausbruck aber, „daß die Theilneh=
„mung eines Predigers an Schauspielen an sich selbst
„ein leichtsinniges Herz und einen herrschenden Ge=
„schmack an den Eitelkeiten und Thorheiten der
„Welt verrathen,„ werden vernünftige Leser, welche
von den Schauspielen nach wahrer Kenntniß der=
selben und unpartheiisch urtheilen, zu mildern
wissen.

Was auf der 149 Seite von einem Conclufo
des hiesigen Ministerium steht, in welchem den Kan=
didaten unter andern die Besuchung der Schau=
spiele ernstlich untersagt werde, darüber habe ich
meine Meinung auf der 68 Seite meiner ersten Ver=
theidigung gesagt. Und ich finde gar keine Ursache,
sie zu ändern. Dazu kommt noch der sehr wahre
Gedanke des Verfassers der daselbst auf der 83
Seite angeführten Rezension, in welchem jener un=
genannte Feind des Herrn Past. Schlossers aufge=
fordert wird zu sagen, wo das Gesetz der Obrig=
keit und des Staats zu einem solchem Verbot
für unsere Kandidaten vorhanden sey. Also man
mag das conclufum ministerii verstehen wie man
will;

will; so ist es nichts weniger als ein Gesetz, (denn unser Ministerium hat keine gesetzgebende Macht) und führt folglich für die Kandidaten keine Verpflichtung mit sich. Sonst müste es uns Professoren, von welchen die Gymnasiasten noch weit mehr abhangen, als die Kandidaten von den Herren Predigern, auch erlaubt sein, neue Gesetze für jene zu machen.

§. 41.

Was ich bey dem 35 § des Herrn Seniors habe ersparen können, das muß ich bey den Noten desselben, in welchen er sehr freigebig ist, desto mehr verwenden.

Die erste Note sagt, daß damahls, als jenes conclusum ministerii abgefaßt worden, der selige Herr Pastor Schlosser und mein seliger Vater gegenwärtig gewesen sind. Damit aber iedermann wisse, warum der Herr Senior dieses anführt, so setzt er diese bedenkliche Worte hinzu: „Ich habe „besondere Ursachen, welche mich bewegen, die „Nahmen dieser gottseligen in Gott ruhenden Lehrer „hier besonders zu nennen.“ Diese Pfeile sollten nun dem jüngern Herrn Pastor Schlosser und mir zugleich ins Herz fahren, wir sollten an unsere

Brust

Bruſt ſchlagen, und uns ſchämen, ausgeartete Söhne ſo rechtſchaffener Väter zu ſein. Etwas gelinder, hoffe ich, wird die Sache abgehen, wenn wir die Wunde in der Nähe betrachten. Aber zuvor muß ich die fernere Erfindung des Herrn Seniors bemerken, durch welche jener Schmerz für aller Linderung und jene Wunde für aller Heilung ſollen verwahrt werden. Er fährt alſo fort: „Wollte iemand ſagen, daß die ange-„führten Männer vielleicht von den Komödien Kar-„tenſpielen u. ſ. w. anders gedacht hätten und von „den übrigen überſtimmt worden ; ſo leben noch „Leute genung, welche die Geſinnung und Grund-„ſätze dieſer rechtſchaffenen Lehrer gekañt haben, „und einer ſolchen Ausflucht allezeit als einer Lä-„ſterung widerſprechen werden.“ Auch hier, wollte ich bitten, etwas gelinder. Von dem ſeligen Herrn Paſtor Schloſſer kann ich nichts ſagen. Aber vermuthlich wird es ſein Herr Sohn in der Ver-antwortung gegen den Herrn Senior Goeze thun, von welcher man ſagt, daß ſie eheſtens erſcheinen werde. Was aber meinen ſeligen Vater betrifft, ſo hat weder der Herr Senior noch irgend ein leben-diger Menſch ihn ſo gut gekannt, als ich. Und

ich

ich verbitte mir daher mit völligem Recht den Ehrentitel eines Lästerers, wenn ich nach meiner sehr
genauen Erinnerung von den Gesinnungen meines
seligen Vaters in dieser Sache eine andere Nachricht gebe, als dem Herrn Senior Goeze gefällig
gewesen ist zu geben, und wenn ich meine Nachricht mit einer Geschichte-bestätige, welche ich viel
Jahre vorher, ehe an die Schlossersche Streitigkeit
gedacht worden, unterschiedlichen noch lebenden
Freunden erzählt habe.

Im 1755 Jahr in der Woche vor dem Anfang
der Fasten ward auf dem hiesigen Schönemann-
schen Theater zum ersten Mahl das Trauerspiel
Barnwell oder der Kauffmann von London aufgeführt. Ich war sehr begierig es zu sehen, weil
schon ein Jahr vorher das Lesen desselben mich auf-
serordentlich gerührt, und zu manchen ernsthaften
und besonders einem jungem Menschen sehr heilsamen Gedanken gebracht hatte. Ich sah es wirklich in Gesellschaft eines vortrefflichen Freundes,
welcher mit mir damahls auf dem hiesigen Gymnasium studirte, und dessen ganze Art zu denken und
zu handeln noch immer ein Beweis ist, daß die
Schauspiele ihren Liebhabern nicht so gefährlich sind,

als

als der Herr Senior sie ausschreiet. Schon am Schluß des ersten Akts, da Barnwell, nach langem Kampf seiner Unschuld mit den Reitzungen und Ueberredungen der abscheulichen Buhlerin, der Milwoud, endlich in einer unglücklichen Minute unterliegt, und an ihrer Hand in ihr Haus, wie in eine Mördergrube, eilt, standen unsere Augen in Thränen. Feine und zärtliche und rechtschaffene Seelen, wenn sie dieses Trauerspiel kennen, werden leicht denken, wie sehr unsere Rührungen mit iedem Akt müssen zugenommen haben, und wie gewaltig und erschütternd sie am Schluß des Trauerspiels gewesen sind. Wir gingen ein ieder in sein Haus. Ich fand meine Eltern am Tisch bey dem Abendessen. Sie hatten ein wenig auf mich gewartet, und boten mir, da sie hörten, daß ich nicht gegessen hatte, Speise an. Ich wollte sie nehmen, aber es gelang mir nicht. Ich war zu gerührt, meine Augen waren vom Weinen roth, und ich konnte auf keine Weise die Empfindungen meines Herzens verbergen. Man fragte mich nach der Ursache meiner Traurigkeit. Ich wollte mich verstellen: aber vergebens. Endlich befahl man mir, aufrichtig zu reden. Ich that es, und er=

zählte,

zählte, was vorgegangen sey, und wiederholte
den Inhalt des Trauerspiels kürzlich, und hatte
das sanfte Vergnügen, meine Eltern durch die
blosse und unvollkommene Erzählung bis zu Thränen zu rühren. „Wohl, sagte mein Vater am
„Schluß. Du weißt, mein Sohn, daß ich es
„bisher nicht habe wissen wollen, ob du Schau-
„spiele besuchtest: weil einige meiner Herren Kolle-
„gen dawieder sind, und ich gern gegen sie be-
„haupten möchte, daß du mit meinem Wissen sie
„nicht siehest. Aber nun, da solche vortreffliche
„Moralen darin so gut vorgestellt werden; so er-
„laube ich dir ausdrücklich, den Schauplatz bey so
„schönen und nützlichen Schauspielen zu besuchen.“

Wer ist nun ein Lästerer? Ich, der ich meines Vaters wahre Gesinnungen noch nach seinem
Tod zu schätzen weiß, und sie mit Freuden und mit
Dankbarkeit gegen Gott, daß er mir einen solchen
vortrefflichen Mann zum Vater gegeben hat, bekannt mache, oder der, welcher ihm ietzt gern Gesinnungen andichten möchte, deren Vergleichung
mit den meinigen mich verächtlich machen sollen?

§. 42.

§. 42.

Die andere Note des 35 Paragraphs soll mich vollends zu Boden stürzen. Aber Gottlob ich stehe noch. Und die Angriffe, welche diese Absicht ausführen sollen, müssen von ganz anderer Art, als die bisherigen, sein.

Der Herr Senior findet für gut, nicht allein eine gewisse den Kandidatenstand in Hamburg betreffende Stelle, welche in meiner Zugabe zu der Vertheidigung des Herrn Past. Schlossers am Ende des 9 § steht, ausser der Verbindung anzuführen, sie mit einer ihr erst gegebenen und gar nicht natürlichen Einkleidung aufzustellen, und sie mit sonderbaren Anmerkungen zu begleiten, sondern auch bey dieser Gelegenheit seinen ganzen seit der Schlosserschen Streitigkeit auf mich geworfenen Wiederwillen auszulassen, und alles anzuwenden, damit er mich bey meinen Mitbürgern verhaßt mache. Und wodurch? Dadurch, daß er mich als einen Menschen abmahlt, „der gewiß nicht Ursache „hat, über eine geringe oder zu spät erfolgte Be„lohnung seiner Candidatenverdienste zu klagen, „und der, indem er über die seltene Beförderung „anderer Candidaten in Hamburg klagt, die grös-

fefte

„feſte Undankbarkeit verräth, da er in Hamburg
„ſo viel Gutes genoſſen, und der ſich vorzüglich
„hätte entſehen ſollen, einen ſolchen Vorwurf in
„die Welt zu ſchreiben, von welchem er wiſſen
„konnte, wen derſelbe zunächſt treffen würde.“
Gnug Beſchuldigungen in einem Othem. Aber
zum Unglück für den Herrn Senior iſt keine ein‐
zige wahre darunter. Ueberhaupt welch ein
Schluß: Ich ſage, daß ein Hamburgſcher Kandidat
nur ſelten recht belohnt werde: folglich muß
ich grade mich gemeint haben! Grade ſo, wie
wenn der Herr Senior Goeze ſagte: Ein Ham‐
burgſcher Prediger wird ſelten reich; und ich
wollte daraus folgern, er meine nothwendig ſich
ſelbſt. Hiemit wäre alſo das ganze Heer der
Vorwürfe von Undankbarkeit mit ſeinen eigenen
Waffen überwunden. Allein der Herr Senior fin‐
det ein Vergnügen daran, mir noch auf eine andere
Art die Waffen zur Wiederlegung ſeiner Beſchul‐
digung einer Undankbarkeit in die Hände zu geben.
Er erzählt die Dinge, welche mich ununterbrochen
daran erinnern müſſen, gegen Gott und meine Mit‐
bürger dankbar zu ſein: und erzählt ſehr richtig,
obwol ſehr unvollſtändig. Glaubt er den, daß ich

das

das alles nicht eben so gut und noch besser weiß und
noch lebhafter empfinde, als er? Das wäre doch
sonderbar, eben so sonderbar, als er vorhin mei=
nen seligen Vater scheint besser gekannt haben zu
wollen als ich. Aber drittens. Sollte es, auffer
dem Herrn Senior Goeze, wol einem Menschen
in der Welt unter denen Umständen, welche ich gleich
sagen will, möglich sein, mir Undankbarkeit gegen
Gott und gegen meine Mitbürger vorzuwerfen?
Einmahl hat er meine Antrittsrede bey der Ueber=
nehmung meines Ampts mit angehört, in welcher
ich das als einen vorzüglichen und mit tiefer Dank=
barkeit zu verehrenden Beweis der Vorsehung mei=
nes Gottes betrachtete, daß er mich so recht nach
meinem Wunsch befördert habe, und in welcher ich
meinen Gönnern, in deren Zahl ich auch den Herrn
Senior Goeze setzen zu können damahls glaubte,
den aufrichtigsten Dank abstattete. Zweitens hat
er in meiner ersten Anzeige der von mir in diesem
Ampt zu verrichtenden Arbeiten eben diese Versiche=
rung wiederholt und noch mit dem ausdrücklichem
Zusatz gelesen, daß ich nach meinem Alter (ich hatte
damahls nur 25 Jahre) eine solche Beförderung
schon zu hoffen nicht gewagt hätte. Drittens ha=

be

be ich dem Herrn Senior von der Zeit an bis auf
den heutigen Tag alle meine Schriften, sobald sie
gedruckt gewesen sind, zugesandt, und er hat mir
die offenbarste Beweise gegeben, daß er sie gelesen
hat. Nun aber sind diese Schriften voll von Zeug:
nissen meiner Erkenntlichkeit gegen die Güte Gottes
und gegen die Zuneigung meiner Mitbürger. Für
den Herrn Senior Goeze, und sonst für niemand,
führe ich sie an. Denn ich glaube nicht, daß ausser
ihm ein Mensch ist, welcher meine wahre Gesin:
nungen so geflissentlich verkennet. Ich verweise ihn
also 1) auf die Dedikation meiner am stillen Frei:
tag 1765 gehaltenen Predigt, 2) auf die auch mit
an ihn selbst gerichtete Zuschrift der ersten Samm:
lung meiner Reden, 3) auf die 252 Seite der zwo:
ten Sammlung meiner Reden, 4) auf die Zuschrift
der dritten Sammlung meiner Reden, 5) auf das
Ende der 359 und den Anfang der 360 Seite eben
dieser dritten Sammlung, 6) auf das Glückwunsch:
schreiben an Herrn Pastor Schlosser bey dem Antritt
seines Ampts.

Ich komme nun auf des Herrn Seniors Ur:
theile über die obige Stelle, in welcher ich von der
gewöhnlichen Verfassung der Hamburgschen Kan:

didaten geredt habe. Er kann erstlich nicht begreifen, daß ich gesagt habe: ein Hamburgscher Kandidat werde gemeiniglich von aller Welt beurtheilt. Und ich sage ihm, daß ich das sehr begreifen kann, weil ich bey meiner ziemlich weitläuftigen Bekanntschaft in Hamburg sehr häufige Erfahrungen davon habe. Ja ich setze aus eben dieser Erfahrung hinzu, daß diese Beurtheilungen oft sehr unbillig sind, und daß solche unbillige Urtheile nicht selten grade von denen Männern herrühren, denen dergleichen am wenigsten ansteht, und deren eigentliche Pflicht es ist, den Kandidaten vorzüglich zu helfen, und ihnen bey andern Liebe und Zuneigung zu erwerben. Was diese Männer in grossen Gesellschaften sprechen, und ihnen von sehr vielen billiger und menschenfreundlicher denkenden Personen mit grossem Recht ungemein übel genommen wird, das kann doch wol kein Geheimniß sein. Fürs andere kann der Herr Senior nicht einsehen, daß ein Hamburgscher Kandidat gemeiniglich die beschwerlichsten Arbeiten hat. Das will ich ihm glauben, da er keinen genauen freundschaftlichen Umgang mit ihnen hält. Das thue ich aber seit vielen Jahren, und zu meinem wahrem Vortheil und Vergnügen. Und da lehret

mich

mich der Augenschein, daß ein hamburgscher Kandidat, wenn er theils zu seinem Unterhalt theils
zur Erwerbung einiger Gönner täglich acht und
manchmahl wohl zehn Stunden informiren, und
in der Hitze des Sommers in der Kälte des Win-
ters und bey schlechtem Wetter auf weiten Wegen
von einer Stunde zur andern laufen muß, in einer
sehr beschwerlichen Verfassung lebt. Und wann er
nun von dergleichen Arbeiten des Geistes und des
Leibes sehr ermüdet in seine Wohnung zurückkehrt,
dann soll er noch theils seine Wissenschaft durch
Nachdenken vermehren und weiter ausbilden, theils
zu den Arbeiten des folgenden Tags sich vorberei-
ten, theils Predigten, welche ihm aufgetragen
worden, und welche nach der Forderung vieler Leute immer Meisterstücke sein sollen, ausarbeiten und
auswendig lernen. Von einem solchen Leben hat
der Herr Senior freilich iezt keine eigene Erfahrung;
vielleicht hat er sie nie gehabt; und wenn er sie gehabt hat, so mag er sie leicht vergessen haben.
Wenigstens findet sich das sehr häufig, daß ein
Mann, wenn ihn die entweder wirkende oder zu-
lassende Vorsehung zu einer gewissen Höhe gebracht
hat, den vorigen niedrigern Zustand vergißt, und

M   gegen

gegen diejenigen, welche eben das ſind, was er ehe=
mals war, und eben das werden können, was er
iezt iſt, gar nicht die Billigkeit und ſanfte Men=
ſchenliebe empfindet, welche ihn ſo wohl kleiden
würde. So iſt mir ein Prediger bekannt, der, da
er an einem Sonntag Mittags einige Kandidaten zu
Tiſch geladen hatte, und ſie an ſeine Tafel führte, auf
welcher Ueberfluß und Pracht in ziemlich hohem
Grad herrſchten, mit einer ſonderbaren und ihn
ſehr übel kleidenden Miene ſagte: ich will ihnen
zeigen, meine Herren, wie ſie künftig, wenn ſie
einmahl eine Pfarre auf dem Land bekommen, trak=
tiren müſſen. Nicht wahr, das war ein höfliches
Kompliment von dem Wirth? Fürs dritte, wenn
ich ſage, ich glaube, daß Gott einem Kandidat
bey ſeinen gemeiniglich beſchwerlichen Arbeiten die
edele und nützliche Ermunterung des Geiſtes gern
gönnt, daß er zuweilen Abends ein gutes Schau=
ſpiel anſieht; ſo beliebt es dem Herrn Senior, nicht
dieſen Gedanken zu wiederlegen, ſondern ihm eine
ganz andere fremde und unnatürliche Einkleidung
zu geben, und zu ſagen: ein Kandidat könne wol
beſſere Erquickungen haben, als das Anſchauen
der Harlekinspoſſen. Und am Ende der Note
muß

muß es noch einmahl anders umgekleidet werden.
Ich soll die Kandidaten ermuntert haben, „ihre Be-
„lohnung und Beruhigung auf dem Schauplatz zu
„suchen.„ Von wem mag doch der Herr Senior die
ihm so geläufige Kunst gelernt haben, seinen Gegnern Worte in den Mund zu legen und Gedanken
aufzubürden, an welche sie nicht gedacht haben?
Hätte er sie lieber nie gelernt, und möchte er sie nie
ausüben! Fürs vierte ficht er meine Meinung, daß
ein Kandidat in Hamburg nach gemeiniglich sehr
beschwerlichen täglichen Arbeiten nur selten recht
belohnt werde, mit allerley glänzenden aber nicht
scharfen Waffen an. Er sagt erstlich: „ich muß
„bekennen, daß ich noch nie aus dem Mund eines
„hiesigen Kandidaten die Klage gehört habe, daß
„er für seine Informationsstunden nicht hinlänglich
„bezahlt werde.„ Ich antworte: wie oft redet
der Herr Senior auf eine recht freundschaftliche und
vertrauliche Art mit einem hiesigen Kandidat? Und
wie folgt das ferner: eine Klage, welche er noch
nie gehört hat, werde nie geführt? Und wenn auch
kein einziger sie führte; könnte sie darum nicht gegründet und gerecht und nur aus Bescheidenheit
zurückgehalten sein? Was für eine Belohnung

sind

sind den 8 oder 6 oder gar 4 Schillinge für eine Stunde der Informazion für einen Kandidat, da man
einem Sprach= Spiel= Tanz= und Schreibmei-
ster nicht allein eben so viel sondern gewöhnlich
mehr, da man diesen Leuten zuweilen ein Mark für
eine Stunde giebt? Sollten wol ein Litzenbruder
ein Quartiersmann und manche andere von einem
ähnlich niedrigem Gewerbe mit einer solchen Belohnung ihrer, wie ich doch wol glaube, viel geringern Arbeiten zufrieden seyn? Der Herr Senior
sagt zweitens, „er habe viele Kandidaten gekannt,
„und kenne noch viele, welche das reichliche Auskommen, welches Gott ihnen in ihrem Kandida-
„tenstand zufliessen lassen, mit demüthigem Dank
„verehren.“ Ich antworte: ein rechtschaffener
Mann dankt Gott auch für ein mittelmässiges Auskommen, und lässet sich gnügen an dem was da
ist, und hofft auf die Verheissung Gottes: ich will
dich nicht verlassen noch versäumen. Aber wie ein
Kandidat durch Arbeiten, in welchen er nicht seine
Kräfte in kurzer Zeit erschöpfen und sich aufopfern will,
sich ein reichliches Auskommen erwerben könne,
das hätte der Herr Senior wol etwas deutlicher
zeigen und nicht blos behaupten mögen. Wir

wollen

wollen einmahl setzen, daß ein Kandidat täglich
8 Stunden informire, und daß ihm iede derselben
mit 7 Schillingen bezahlt werde; so ist die Ein=
nahme des Jahrs, nach Abrechnung der Sonn=
und Festtage, ungefähr ein tausend Mark. Wenn
nun der Kandidat keine eigene Mittel hat, und
wenn er Wohnung Kleidung Tisch und andere
Nothwendigkeiten des Lebens ordentlich halten, sich
einige gute Bücher anschaffen, und die mannig=
faltigen kleinen Unkosten des gesellschaftlichen Um=
ganges nach der hiesigen allgemein eingeführten
Mode tragen muß; sollte ihm wol am Ende des
Jahrs ein Schilling zum Nothpfennig auf den
Fall einer Krankheit oder Verlegenheit, imgleichen
zur Anschaffung einiger Geräthe auf den Fall einer
Beförderung übrig bleiben? Wo ist nun das
reichliche Auskommen, welches der Herr Senior
bey vielen ehemaligen und gegenwärtigen Kandi=
daten will bemerkt haben? Der Herr Senior sagt
drittens, die Klage, daß die hamburgschen Kan=
didaten selten in Hamburg befördert werden,
würde sehr ungerecht sein. Ich habe zwar diese
Klage nicht geführt: und ich brauchte sie also nicht
zu vertheidigen. Aber ich will doch wenigstens die

M 3 Be=

Beweife des Herrn Seniors, daß dergleichen Klage
ungerecht fein würde, etwas in der Nähe anfehen.
Er rechnet aus, wie viele ehemahls hamburgfche
Kandidaten ießt in Hamburg und dem Territorium
deffelben als Prediger oder Profeffores in Aemptern
find. Ich will noch ein übriges thun, und die
von dem Herrn Senior vergeffenen Stellen bey un-
ferm Johanneum hinzufügen. Hier kommt nun
eine ziemliche Anzahl heraus: und es ift ein fehr
fcheinbarer Beweis, wenn er, wie fchon vor ihm
ein anderer auf ähnliche Art gegen die Kandidaten
gefinnter Prediger mündlich gefagt hat, fpricht:
Wir haben 29 Prediger im Minifterium, darunter
find 21 ehemahlige hiefige Kandidaten. So find
hier 6 Profeffores, und darunter find 4 ehemals
hiefige Kandidaten gewefen. Werden alfo nicht
die hamburgfchen Kandidaten fleiffig befördert?
Ich antworte: Und wenn diefe Berechnung auch
vollkommen fo gemacht wäre, wie fie fein follte;
fo würde der Augenfchein die daraus hergeleitete
Folgerung häufig wiederlegen. Wenn zum Exempel Herr Krohn 15 Jahre, Herr Pitifcus 20 Jahre,
Herr Hartnack 13 Jahre, Herr Köfter 16 Jahre,
Herr Schönemann 14 Jahre, und Herr Beckftein

11 Jahre hamburgsche Kandidaten gewesen sind,
mit vielem Fleiß geprediget, ihre Arbeiten mit
Treue verrichtet, und einen unsträflichen Wandel
geführt haben, wenn man gleichwol bey nicht selte-
nen in diesen Jahren vorgekommenen Gelegenhei-
ten, sie in Hamburg oder im Hamburgschen zu befördern, ihnen vorbeigegangen ist, und auswärtige
Prediger statt ihrer hereingerufen hat; ist es den
noch so richtig, daß man die hamburgschen Kandidaten hier gern befördert? Aber weil wir einmahl im
Rechnen sind; so wollen wir doch auch genau
rechnen. Und da wird sichs noch mehr zeigen,
daß die Rechenkunst des Herrn Seniors hier nicht
ganz richtig ist. Wenn von der Beförderung
eines hamburgschen Kandidaten die Rede ist; so muß
das eine solche heissen, da er aus dem Kandidatenstand
zum Prediger oder Professor oder Lehrer am Johanneum befördert worden. Denn das sollten doch
die Kandidaten, an deren Vortrag und Leben
nichts auszusetzen ist, von ihrer Stadt, und besonders von ihrer Vaterstadt, wol erwarten können, daß man sie in solchem Fall einem auswär-
tigem Prediger vorziehe, welcher schon sein Ampt
hat, und daher jenem nicht hinderlich sein, und

M 4
wol

wol gar die Urſache werden muſte, daß jener nach
und nach vergeſſen werde. Nun kommt es alſo
auf eine richtige Beantwortung folgender Fragen an.
1) Wie viel Kandidaten des hamburgſchen Mini=
ſterium ſind in einer beſtimmten Zahl von Jahren,
zum Exempel ſeit 16 Jahren von 1754=1769 ge=
weſen? 2) Wie viel ſolcher Stellen ſind in der=
ſelben Zeit von Hamburg beſetzt worden, zu denen
ein Kandidat des hieſigen Miniſterium kann ge=
nommen werden? 3) Wie viel dieſer Stellen ſind
in der geſetzten Zeit mit Kandidaten des hamburg=
ſchen Miniſterium beſetzt worden? Nach einer ge=
nauen Unterſuchung, zu welcher ich alle nöthige
Hülfsmittel in Händen habe, iſt die Antwort auf
die erſte Frage: 109, auf die andere: 39, auf die
dritte: 22. Alſo bey 39 möglichen Beförderun=
gen der Kandidaten hat man 17 wirkliche Beför=
derungen ihnen entzogen und andern ertheilt, und
zwar grade die vorzüglichſten. Denn von 13 in
der angegebenen ſechzehnjährigen Zeit beſetzten Dia=
konatſtellen des hamburgſchen Miniſterium ſind
nur 4 hieſigen Kandidaten, und dagegen 9 aus=
wärtigen Predigern zu Theil geworden. Und
überhaupt ſind von 109 Kandidaten in den 16
Jahren

Jahren nur 22 als Kandidaten in Hamburg oder im Hamburgſchen befördert. Die andern 87 haben entweder den Wanderſtab ergreifen, oder mit ganz niedrigen Bedienungen vorlieb nehmen, oder noch bisher warten, oder endlich als Kandidaten ſterben müſſen. So viel zur Berichtigung der Rechnung des Herrn Seniors.

Was übrigens am Ende ſeiner langweiligen und durch meine Erörterung noch langweiliger gewordenen Note ſteht, daß ich Schuld daran ſey, daß man künftig das Verhalten der Kandidaten mit einem ſchärfern Auge beobachten, und, wofern ſie zuweilen ein gutes Schauſpiel ſehen, ihnen zur Strafe für dieſes Verbrechen ihre Beförderung ſchwerer machen werde, das iſt von keiner Wichtigkeit, da jenes eigenmächtiges concluſum miniſteril ſie gar nicht verpflichtet, und da diejenigen, welche ihnen die Uebertretung deſſelben gleichwol zu einer Sünde machen wollen, vermuthlich die Leute nicht ſind, von deren Gunſt ſie eine Beförderung erwarten können oder mögen.

§. 43.

Die beiden Paragraphen des Herrn Seniors, der 36 und 37, ſind bloſſe obwol ſehr weitläuftige

Vor-

Vorbereitungen aufs Folgende, und enthalten, auſſer einigen unbedeutenden Schimpfwörtern von Aus-
ſchweifungen eines Lehrers und Befleckung mit dem
Comödienweſen, nichts zur Sache Gehöriges.

§. 44.

Der 38 Paragraph enthält zur Hälfte eine Erlaubniß des Herrn Seniors Göeze an Kandidaten
der Theologie und reiſende Prediger, den Schauplatz zu beſuchen, zur andern Hälfte aber ein Verbot des Schauplatzes an die hamburgſchen Kandidaten. Das erſtere iſt mit Dank anzunehmen, und
das letztere hat ſeine Berichtigung im Vorhergehenden hinlänglich bekommen.

§. 45.

Der neun und dreißigſte Paragraph des Herrn
Seniors, ſo wortreich und künſtlich er auch iſt,
wird bey allen, welche von der gegenwärtigen Ver-
faſſung vieler auf unſern beſten Theatern aufgeführ-
ter Schauſpiele beſſer, als der Herr Senior, unterrichtet ſind, und bey unpartheiiſchen Leſern, und
bey denen, welche meine Anmerkungen bisher geleſen haben, vermuthlich den Eindruck nicht machen,
welchen er ſich vielleicht davon verſprochen hat. Ich
will indeſſen für ſie zum Ueberfluß, und für andere

zur

zur Verwahrung für einem übereilten Beifall einige
Stellen aus diesem Paragraph auszeichnen, und
mit Anmerkungen begleiten.

Fürs erste beliebt es dem Herrn Senior zu sagen,
„der Augenschein und die Erfahrung und die Wir:
„kung der heutigen Schaubühne beweise, daß sie
„ein Tempel der Wollust eine Schule der Laster und
„der Thorheiten sey.„ Wie viel Unbestimmtes und
Zweideutiges in dem Wort Schaubühne sey, und
wie wenig der Herr Senior diesen ganzen Satz be:
wiesen habe, ist im Vorhergehenden vielmahls
gezeigt.

Fürs andere macht der Herr Senior um seiner
ungerechten Behauptung ein Ansehen zu geben, eine
Weissagung, diese nehmlich: „jener Tag wird die:
„ses Urtheil völlig rechtfertigen.„ Allein woher
hat er den Geist der Weissagung? So gut, wie
er das behauptet, so gut kann ich das Gegentheil
behaupten: jener Tag wird dieses Urtheil für sehr
partheiisch und unrichtig erklären.

Was drittens auf der 164 und 165 Seite von
dem Aergerniß schlechterdings behauptet wird, wel:
ches ein Geistlicher dadurch gebe, daß er zuweilen
ein gutes Schauspiel sieht, bekommt seine nähere

Be:

Bestimmung und Berichtigung in meiner ersten
Vertheidigung im 5 § in der vierten Anmerkung.
Ueberhaupt aber hätte der Herr Senior, ehe er so
unbestimmt von einem solchem eingebildetem Aerger=
niß redete, sich genauer erkundigen mögen, ob sein
Urtheil von der gegenwärtigen teutschen Schau=
bühne, welches er wenigstens in dieser Schrift äus=
sert, auch das Urtheil der mehrsten Menschen sey,
wie er voraussetzet. Und da würde er gefunden
haben, daß zum Exempel hier in Hamburg recht
sehr viele Leute sind, welche gute Schauspiele ge=
sehn haben, und welche gewiß nicht geärgert wer=
den, wenn sie in solchen zuweilen einen Kandidaten
erblicken.

Viertens will der Herr Senior die Meinung
derer zu Schanden machen, welche sagen: "Ein Kan=
didat kann so gut, als ein ieder anderer vernünftiger
Mensch, in einem guten Schauspiel nicht allein eine
erlaubte Ermunterung seines Geistes finden, son=
dern auch hin und wieder, und besonders in den
Trauerspielen, zu sehr nützlichen Empfindungen
und Gesinnungen veranlaßt werden. Die richtigen
und lebhaften Schilderungen der Tugenden und der
Laster, welche er da vor sich siehet, werden auf sein

Herz

Herz ſehr gute und brauchbare Eindrücke machen
können. So wahr dieſes aus der Natur der Sache und aus der Erfahrung iſt; ſo iſt es dem Herrn
Senior Goeze doch misfällig. Und, um ſich den
Schein zu geben, als wiederlegte er das, macht er dieſe
ſonderbare Wendung: „O ein elender Geiſtlicher,
„der keine andere Quellen kennet, eine ſolche Ge-
„ſinnung zu erhalten und zu erhöhen, und der ſich
„einbilden kann, ſolche auf der Schaubühne (ſoll
heiſſen: bey Erblickung guter und rührender
Schauſpiele) zu erhalten!„ (Ich bitte meine Leſer, hiebey die Worte des 24 § des Herrn Seniors
auf der 94 und 95 Seite nachzuleſen: „Ein tugend-
„hafter — erhöhet werde.„ Nun mögen ſie urtheilen, ob der Herr Senior in ſeinen Meinungen ſich
gleich iſt, und ob er aus Ueberzeugung, oder aus welchen Urſachen er hier ſo allgemein verächtlich von
Schauſpielen redet).

Fünftens will der Herr Senior die Leute lächerlich machen, welche ſagen, ein junger Redner habe
durch das Leſen und Anſehen guter Schauſpiele Gelegenheit, die Schönheiten und Stärke einer rührenden und nachdrücklichen Beredtſamkeit zu bemerken. Zwar habe ich das nicht geſagt; und der
Herr

Herr Senior ſtreitet alſo hier nicht wieder mich. Aber geſetzt, ich ſagte es; wäre es ſo ganz unrecht? Sollten nicht in manchen Trauerſpielen, ja ſelbſt in einigen rührenden Luſtſpielen, zum Exempel dem Hausvater von Diderot, der Sara Samſon von Leſſing, dem Zweikampf von Schloſſer vor: treffliche Stellen dieſer Art vorkommen? Aber wie läßt ſich das dem Herrn Senior begreiflich machen, welcher ſeine eigene ſo gar geringe Kenntniß guter Schauſpiele ausdrücklich geſteht!

Die Folgerung ſechſtens, welche der Herr Senior auf der oberſten Hälfte der 167 Seite macht, daß nehmlich, wenn es einem Kandidaten nicht uner: laubt und nicht unnützlich ſey, zuweilen ein gutes Schauſpiel zu ſehen, daraus folge, es werde gut ſein, wenn er zuweilen auf einer öffentlichen Schau: bühne als Akteur erſcheine, dieſe Folgerung kann der Herr Senior wol nicht im Ernſt gemacht haben. Wenigſtens würde es eben ein ſolcher Schluß als dieſer ſein: Weil es dem Herrn Senior Goeze ſehr erlaubt und auch nicht ganz unnütz ſein würde, zu: weilen die Verſammlung der Börſe zu ſehen, und die Komtoire unſerer Kaufleute zu beſuchen; ſo folgt, daß es gut ſein werde, wenn er ſelbſt auf der Börſe

Han:

Handel triebe, und in seinem Haus ein Handlungs-komtoir anlegte.

Fürs siebente fragt der Herr Senior: „Wie stark „wie unwiederleglich sind die Gründe, welche be-„weisen, daß die gegenwärtige Schaubühne im Gan-„zen betrachtet ein Dienst der Welt und der Sünde, „ein Tempel der Wollust, eine Schule der Leichtsin-„nigkeit und der Thorheit sey?„ Die Antwort werden ihm meine vernünftige und unpartheiische Leser geben können.

Fürs achte meint der Herr Senior, unvermerkt eine Entschuldigung für seine übereilte und unrich-tige Verachtung der Schauspiele zu machen, indem er auf der 168 Seite sagt: „wenn die Ueberzeu-„gung von der Sündlichkeit der Schaubühne auch „zu hoch gespannt sey; so könne sie doch nie schäd-„lich werden.„ Wenn es ihm doch beliebt hätte, diese Ausflucht zu rechtfertigen. Ich sollte meinen, ieder Irrthum, besonders ein Irrthum in der Be-urtheilung der Sittlichkeit einer Sache, und ein Irrthum, welcher verleitet, anders denkende Men-schen zu verdammen, ihnen verächtlich zu begegnen, sie zu verläumden und zu verfolgen, und den Se-gen ihrer redlichen Arbeiten zu schwächen (wie man

davon

davon Exempel hat) ein solcher Irrthum, sollte ich
meinen, kann sehr schädlich werden.

Fürs neunte. Die Furcht und das Zittern des
Herrn Seniors, welches er auf der 168 Seite unten geschildert hat, ist unnöthig: und es thut mir
leid, daß er sich solche vergebliche Angst macht. Wer
Hamburg etwas genauer kennt, der wird einsehen,
dadurch, daß zuweilen ein Kandidat ein gutes
Schauspiel sieht, werde vermuthlich kein Mensch
(ich rede hier in dem Stil des Herrn Seniors) von
der Einfältigkeit in Christo verrückt, und völlig in
dem Unflat der Welt eingeflochten werden.

Die Ausdrücke zehntens: herrschende Lustseuche, Trunkenheit von der Liebe zu diesen Lustbarkeiten, wütender Zorn, grosse Diana, alles mögliche Feuer, übertriebenste Heftigkeit, Lüste des
Herzens, sündliche Eitelkeit, Vorurtheile des
Fleisches und andere, welche dem Herrn Senior,
wenn er von seinen Gegnern redet, eben so geläufig
sind, als: Ueberzeugung vor Gott, und Freudigkeit
des Gewissens, wenn er von sich redet, alle diese
Ausdrücke kommen auch hier wieder vor, werden
aber keinen Eindruck machen, da man wohl siehet,
aus welcher Quelle sie fliessen, und da die Sätze,

denen

denen sie eingeflochten sind, in dem Vorhergehen=
den ihre Bestimmung und Berichtigung längst er=
halten haben.

Eilftens redet der Herr Senior von Leuten,
„welche berechtigt zu sein glauben, eine gute Co=
„mödie einer guten Predigt an die Seite zu setzen,
„und zu rühmen, daß sie auf dem Theater eben=so
„viel ja wol noch mehrere Erbauung fänden, als in
„der Kirche.„ Wen er damit meine, weiß ich nicht.
Mich kann er gewiß nicht darunter verstehen: denn
ich habe dergleichen nie gedacht und nie gesagt.
Sollte es ihm aber gefällig sein, mir so etwas auf=
zubürden; so wird er nun durch das, was ich in
dieser Schrift im 4 § von der 6=15 Seite gesagt
habe, vermuthlich anderer Meinung geworden sein.

Die von dem Herrn Senior zwölftens auf der
171 Seite sehr gefährlich geschilderten Wirkungen
der von einem Geistlichen geschehnen Anpreisung der
Schaubühne und Besuchung guter Schauspiele sind
so gefährlich nicht, wenn man in jener Anpreisung
und Besuchung die Einschränkung und Ordnung
beobachtet, deren ich mich in der ersten und in die=
ser zwoten Vertheidigung beflissen habe.

Was

Was er kurz darauf dreizehntens von einem Geistlichen sagt, „welcher in seiner Verachtung der „Schauspiele entweder ein guter einfältiger Eiferer, „oder gar ein tückischer Heuchler sey, welcher sei= „nen klügern Ampts= und Standsgenossen nur ei= „nen Flecken anhängen will,„ ist mir ziemlich dun= kel. Einige meinen, der Herr Senior bezeichne hiedurch den Ungenannten, welcher jene zween An= griffe auf Herrn Pastor Schlosser in der gelehrten Zeitung gethan hat.

Vierzehntens. Der Schluß seines 39 §, in welchem er glaubt, „die Gegenwart eines Geistli= „chen auf der Schaubühne (soll heissen: bey der Vor= stellung guter Schauspiele) „als ein Aergerniß im „schärfsten Verstand,, bewiesen zu haben, lautet al= so: „So gewiß ich dieses vor dem Angesicht des all= „wissenden und heiligsten Gottes schreibe; so gewiß „bin ich versichert, daß dieser gerechte Richter mein „Urtheil an jenem Tage bestätigen werde.„ Damit diese Worte recht verstanden werden, bitte ich meine Leser, das noch einmahl zu lesen, was ich im An= fang des 8 § von der 37 bis zur 39 Seite gesagt habe.

§. 46.

§. 46.

Der 40§ des Herrn Seniors lautet sehr bedenk=
lich. Aber das Lauten ist es auch grade alles. Et=
was mehr Richtigkeit in den Gedanken und Zusam=
menhang in den Schlüssen könnte nicht schaden.

Erstlich gehört der Ausspruch des Apostels, wel=
chen er anführt, gar nicht hieher. Da ich ganz
neulich diesen von dem Herrn Senior selbst belieb=
ten und mir zu Theil gewordenen Text des öffentli=
chen Bußtags in einer gedruckten Predigt erklärt
habe, und diese Predigt in vieler Leute Händen ist;
so berufe ich mich, zur Ersparung aller Wiederho=
lung, auf dieselbe.

Fürs andere beruft der Herr Senior sich auf
seinen in vorigem Paragraph gelieferten Beweis,
daß ein Geistlicher, wenn er Schauspiele besucht,
Aergernisse gebe: und darauf bauet er neue Be=
hauptungen. Wie gültig jener Beweis und also
auch diese Behauptungen sind, werden meine Leser
nun leicht entscheiden können.

Fürs dritte scheint der Herr Senior gar nicht daran
zu denken oder denken zu wollen, daß ich und ieder
vernünftiger Mensch gewiß nie behauptet habe, daß
es einem rechtschaffenem Menschen und also auch ei=

nem

nem Geiſtlichen erlaubt und anſtändig ſey, andere, als ſolche Schauſpiele zu beſuchen, in welchen weder die Religion noch der Staat noch die guten Sitten verletzt werden.

Fürs vierte beliebt es ihm nochmahls, aber, wie gewöhnlich, ohne allen Beweis zu ſagen, „daß die „Zuſchauer eines Schauſpiels nur zu dem Ende „kommen, um eine üppige Augenluſt und einen „wollüſtigen Zeitvertreib zu ſuchen.„ So offenbar voreilig und lieblos dieſes Urtheil iſt; ſo bitte ich doch, zu wiederholen, was ich im Anfang des 32 § geſagt habe.

Fünftens. Alles übrige, was auf der 173 Seite des Herrn Seniors ſteht, bezieht ſich auf ſeine ganz unerwieſene und unrichtige Vorausſetzungen, welche ich eben angezeigt habe, und fällt alſo mit denſelben weg.

Was er ſechstens auf der 174 Seite von Geſellſchaften ſagt, gehört nicht zur Streitfrage, und laſſe ich in ſeinen Würden. Wenn er aber in der vorletzten Zeile meint, „man könne nicht von dem „Schauplatz ſo gut, als in Geſellſchaften, aufſte„hen, den Staub von ſeinen Füſſen ſchütteln und „davon gehen;„ ſo iſt das wol ein artiger Scherz des

Herrn

Herrn Seniors. Das Auffstehen und Weggehen und Abschütteln des Staubs kann wol nirgend in der Welt iedem Menschen mehr freistehen als auf dem Schauplatz, man mag darunter die Logen oder das Parterre oder die Galerie verstehen. Die Natur der Sache und die tägliche Erfahrung beweisen das ganz eigentlich.

Der letzte Absatz in dem 40 § des Herrn Seniors bedarf nur einer kleinen Veränderung, welche ich vorhin in der dritten Anmerkung vorbereitet habe. Und wenn hiernach die Schlußfrage seines Paragraph so muß eingerichtet werden: „ich bitte mir zu sagen, welche „sind die Schauspielergesellschaften, von denen manche „gute theils zu einer edeln Ermunterung theils zur lebhaften Erregung und Unterhaltung guter Gesinnun„gen dienende Schauspiele vorgestellt werden?" so will ich nach meiner Wenigkeit dem Herrn Senior Goeze diese Gefälligkeit gern erzeigen. Meine Antwort ist diese: Die Kochsche Gesellschaft in Leipzig, die Ackermannsche in Hamburg, und die Hannöversche Hofgesellschaft.

§. 47.

Der 41 § des Herrn Seniors im Ganzen genommen ist sehr leicht nach dem zu beurtheilen, was ich in

N 3

mei-

meinem 44 § in der dritten Anmerkung gesagt habe.
Nur noch ein Paar Kleinigkeiten.

Erstlich bringt der Herr Senior wieder einen
artigen Scherz vor. Er spricht: „Wenn ein Geist:
„licher mit zwey fremden Frauenzimmern, wel:
„che nicht seine nächste Angehörige wären, in den
„Armen öffentlich erschiene; so würde die Welt sa:
„gen: es schicke sich dieses für einen Mann nicht,
„welcher besonders verbunden sey, auch allen bösen
„Schein zu meiden, es zeige solches ein leichtsinni:
„ges Gemüth an, und die Welt würde in diesem
„Urtheil nicht Unrecht haben. „ Risum teneatis,
amici. Wie viel Böses muß also ein fremdes
Frauenzimmer von der öffentlichen Gesellschaft mit
einem Prediger zu befürchten haben, und welche
böse Gesinnungen muß er in solcher Gesellschaft he:
gen und verrathen? Wie klug muß ferner die Welt
seyn, welche zwo Damen, wenn sie mit einem Pre:
diger spaßieren, an der Stirn ansehen kann, ob
sie seine nächste Angehörige sind oder nicht? Ja wie
edel muß diese von dem Herrn Senior mit seinem
ausdrücklichen Beifall beehrte Welt von ihrem Näch:
sten und noch dazu von einem Geistlichen denken,
wenn sie ihm nur nicht gegen seine nächsten Ver:

wandtin:

wandtinnen, aber sonst gegen alle Frauenzimmer,
mit welchen er spazieret, böse Begierden zutraut?
Welcher ehrlicher Mann und welcher Menschen=
freund sollte wol dieser Denkungsart fähig sein, und
sich in Ansehung derselben jenen Beifall des Herrn
Seniors Goeze wünschen?

Zweitens kommen noch ein Paar unanständige
Ausdrücke vor, welche man nur lesen darf, um
ihre Quelle und ihren Wehrt zu beurtheilen, nehm=
lich: Lustseuche einiger Geistlichen, und unver=
schämte Stirn.

§. 48.

Der ganze 42 § ist eine Sammlung von
Schimpfwörtern auf mich als Vertheidiger des
Herrn Pastors Schlossers, von welchen eben das
gilt, was ich am Ende meines vorigen Paragraphs
gesagt habe. Indessen noch ein Paar Worte zur
Abfertigung derselben.

Fürs erste „soll ich die Verwegenheit gehabt
„haben, der Wahrheit in öffentlichen Schriften
„vor dem Angesichte der Kirche zu wiedersprechen.“
Was der Herr Senior Verwegenheit nennet, heißt
mit dem eigentlichem Nahmen: Ehrlichkeit und
Muth. Was er Wahrheit nennet, ist: Mei=

nung,

nung, Vorurtheil, Partheiligkeit, und Ver=
fahren, welches aus personellem Haß herrührt.
Was er so ausdruckt: im Angesicht der Kirche,
das soll so heissen: aus redlicher Ueberzeugung,
im Angesicht Gottes, vor den Augen der ganzen
Welt, und ohne Scheu für denen Geistlichen,
welche so denken, wie der Urheber der Angriffe
auf Herrn Past. Schlosser.

Fürs andere meint der Herr Senior, ich sey
der Mann nicht, welcher Aufmerksamkeit ver=
diene. Warum nicht? Etwa weil ich erst 34
Jahre zähle? Wie alt war der Herr Senior, da er
sein Predigtampt in Aschersleben antrat? 27
Jahre. Oder verdiente er da auch keine Aufmerk=
samkeit? Oder weil ich kein Prediger bin? O man
kann auch ohnedas gesunden Menschenverstand und
ein redliches Herz haben. Oder aus welchen Ur=
sachen sonst? Uebrigens seit wann bin ich den in
den Augen des Herrn Seniors so tief gefallen,
welcher mir selbst ehemahls die Freiheit zum Predi=
gen und seine Stimme zum öffentlichen Lehrampt
ertheilt hat, zwo Handlungen, welche beweisen,
daß er mich damahls schon für einen Menschen
gehalten, welcher Aufmerksamkeit verdiente? Seit
wann

wann hält er mich aller Aufmerksamkeit unwürdig,
dem er doch selbst in einigen Predigten und einigen
in dem Hörsal des Gymnasium gehaltenen Reden auf=
merksam zugehört, und noch vor anderthalb Jahren,
da er bey der Rede gegenwärtig war, welche zum
Theil von dem Verhalten eines Menschenfreundes
gegen fremde Religionsverwandte handelte, die
laute Versicherung gab, daß ich wohl thue, der=
gleichen edele Grundsätze meinen Zuhörern beizu=
bringen? Seit wann muß ich aller Aufmerksamkeit
unwehrt sein, dessen Lehren sein seliger Sohn auf
seinen Befehl und mit seiner Versicherung derer
Verpflichtungen, welche er dafür gegen mich habe,
vier Jahre lang mit aller Aufmerksamkeit hörte,
und den er selbst tüchtig fand, die Aufmerksam=
keit seiner Zuhörer in seiner Gemeine in unterschied=
lichen Predigten zu unterhalten? O ich weiß diese
Epoche, welche die grosse Katastrophe der Gesin=
nungen des Herrn Seniors gegen mich auf einmahl
gewirkt hat, und meine Leser wissen sie auch. Sol=
chen Lohn empfängt man, wenn man einen recht=
schaffenen Mann in einer guten Sache ehrlich
vertheidigt.

Der

Der Herr Senior will zweitens die Leute glauben machen, „ich hätte bey dieser Vertheidigung „des Herrn Paſt. Schloſſers als Verfaſſers einiger „guter Schauſpiele keine andere Abſicht gehabt, „als mein eigenes Verhalten, und meine anſtöſſige „und ſo deutlich dargelegte Neigung zu dieſer und „mehrern Arten von üppigen Luſtbarkeiten zu recht: „fertigen.“ Gott vergebe ihm dieſes ungerechtes Urtheil. Er aber, der Herr Senior Goeze, nehme mirs nicht übel, wenn ich ihm ſage, daß er der Mann nicht iſt, von dem ich das Urtheil meiner Geſinnungen und Handlungen zu erwarten, und vor welchem ich ſie zu verantworten habe. Mein Gewiſſen rechtfertigt mich: und zwiſchen mir und ihm wird der allwiſſende Gott Richter ſein. Uebrigens weiß ieder Menſch, welcher mich genau kennet, ob ich zu üppigen Luſtbarkeiten Neigung habe, ieder, welcher mich oft ſieht, weiß, ob ich eine Neigung zu denſelben an den Tag lege, und ieder fleiſſiger Zuſchauer der Schauſpiele weiß, ob ich ſie oft beſuche. Ich danke Gott, daß viele rechtſchaffene Leute mich beſſer kennen und mich nicht ſo mit Fleiß verkennen, als der Herr Senior Goeze.

Einen

Einen solchen Muth, mit welchem ich hier schreibe, und dessen nur ein ehrliches und seiner redlicher Gesinnungen bewustes Herz fähig ist, hatte ich schon in meiner ersten Vertheidigung bewiesen. Nun mag ieder anderer, ausser dem Herrn Senior Goeze und seinen blinden Anhängern, wenn er deren einige haben sollte, urtheilen, ob das, wie er spricht, angenommene Dreistigkeit und unverschämtes Geschrey sey. Das ist das dritte, was hier merkwürdig ist.

Der Herr Senior sagt viertens, „er habe mich „wegen meiner Vertheidigung des Herrn Past. „Schlossers und der dabey gelegentlich geäusserten „günstigen Gesinnung gegen gute Schauspiele durch „seine gegenwärtige Schrift beschämen wollen." Schlecht gedacht und schlecht ausgeführt.

Fünftens beliebt ihm, mir zu sagen, „ich hätte „unter den Lesern meiner Vertheidigung nicht blos „Perukenmacher und Schneider, denen ich Bey „fehle ertheilen könnte." Das habe ich so gewust. Denn selbst der Herr Senior, dem ich sie gesandt, hat sie gelesen. Ich verlange von keinem meiner Leser einen blinden Beifall, sondern genaue und unpartheiische Untersuchung, um welche ich sie ausdrückdrücklich gebeten habe und noch bitte. Uebrigens finde ich den Wiß sehr sonderbar, mit welchem der Herr Senior eine Stelle aus jenem von ihm beurtheiltem französischem Scherzbrief hieher zerret: und ich weiß viele vernünftige Leute, welche ihn eben so sonderbar finden. Indessen wünschte ich, daß der Herr Senior, wenn er sich meine Worte zu eigen macht, dieses wenigstens mit der grammatikalischen Richtigkeit thue, in welcher er sie findet. Man sagt im plurali wie im singulari da, wo der articulus indefinitus stehen muß (und der muß hier stehen) en qualité d'orateurs, und nicht: des orateurs. Nun sehe ich zugleich, warum der Herr Senior vorhin die Fehler gegen die Zierlichkeit der Sprache, welche in jenem Brief sehr häufig sein können, gar nicht bemerkt, und ihn dafür von einer andern Seite beurtheilt hat: wiewol er auch mit dieser Beurtheilung grade so fortgekommen ist, als er mit der andern würde fortgekommen sein.

Was sechstens von „dem leichtem Wind der Er=
„munterung und von höchstschädlichen und verfüh=
„rerischen Anpreisungen der mit so vielen Aerger=
„nissen annoch befleckten Schaubühne, und von
„dem

„dem Verderben, welches man dadurch gern allge=
„mein machen möchte" gesagt wird, sind in Ab=
sicht auf mich Redensarten ohne Bedeutung.

Eben so unbedeutend ist siebentens die Weissa=
gung des Herrn Seniors Goeze, „daß ein Geist=
„licher, welcher zuweilen ein gutes Schauspiel
„sieht, schlechterdings ein an den Eitelkeiten der
„Welt theilnehmender Mensch sey, und ein öffent=
„liches Aergerniß gebe, welches ihm hernach in
„den Stunden der Anfechtung, auf seinem Todt=
„bette, und an jenem grossen und schrecklichen Tage
„des Gerichts zu einer unerträglichen Last wer=
„den müsse."

§. 49.

In dem 43 § meint der Herr Senior „die
„falschberühmte Kunst (er bezeichnet die theatralsche
Dichtkunst mit diesem lieblichem Nahmen) „erfor=
„dere zu viel Zeit für einen jungen Studirenden,
„und mache ihn leichtsinnig zu ernsthaften Arbeiten:„
und dieses wendet er insonderheit auf einen Geist=
lichen an. Die Erfahrung des Gegentheils an
den vortrefflichsten Schauspieldichtern, an so vielen
rechtschaffenen Predigern, welche Schauspiele ver=
fertigt haben, und von Gottsched in seiner dramat=

schen

schen Dichtkunst angeführt sind, und an Herrn
Pastor Schlosser selbst, wiederlegt die Meinung
des Herrn Seniors zur Gnüge.

Zweitens „setzt der Herr Senior den möglichen
„Fall und findet ihn sehr gefährlich, daß auf einem
„Anschlagzettel stehe: Heute wird aufgeführt fol-
„gendes Lustspiel des Herrn N. N. Past. zu N.
„und zum Beschluß stünde der Titel eines lustigen
„Nachspiels oder einer drollichten Pantomime, zum
„Exempel: der Jahrmarkt von Rumpelsdorf.“
Ich antworte: wenn das so gefährlich ist; so kann
dem abgeholfen werden. Man kann iedem Prinzipal einer Schauspielergesellschaft befehlen, daß er
den Nahmen des Verfassers eines Schauspiels,
wenn er ein Prediger ist, nicht mit auf dem Zettel
abdrucken lasse: und vielleicht wird er aus eigenem
Trieb dieses nicht thun. Sollte es aber geschehen;
so kann das nicht anstößiger sein, als wenn in
einem Verzeichniß gebundener Bücher, welche
in öffentlicher Aukzion sollen verkauft werden, steht:
Num. 435. N. N. Past. zu N. Morgen- und
Abendandachten auf alle Tage im Jahr. 2) Leben und Thaten des Ritters von der traurigen
Gestalt.

Drit-

Drittens befürchtet der Herr Senior, gewiſſe muntere Einfälle, welche in einem von einem Prediger verfertigtem Luſtſpiel vorkämen, könnten den Zuſchauern deſſelben in der Folge in einer ernſthaften Stunde und ſelbſt auf ihrem Kranken⸗ und Sterbebette einfallen, und ſie in der Andacht ſtören: und er folgert daraus: alſo muß ein Prediger keine Schauſpiele (er hätte doch wenigſtens nur die Luſtſpiele nennen ſollen) ſchreiben. Daß die Folgerung entweder in Scherz geſagt oder übertrieben ſey, ſieht man offenbar daraus, weil, wenn ſie im Ernſt gemeint oder wahr wäre, eben ſo folgen würde: Kein Prediger und kein Menſch müſſe einen muntern Einfall in Geſellſchaften ſagen, und in einer Schrift drucken laſſen. Denn wenn er auch noch ſo unſchuldig ſey; könne er denen, welche ihn gehört oder geleſen haben, einſt eine Stöhrung in ihrer Andacht machen. Sollte der Herr Senior das wol behaupten wollen, er, der in Geſellſchaften gern ſcherzt?

Viertens „kann der Herr Senior nicht begrei⸗ „ſen, wie Leute, welche noch das Anſehen haben „wollen, als ob ſie im Stand wären, ein richtiges „Urtheil von einer Sache zu fällen, es wagen kön⸗ „nen

„nen, das Comödienschreiben eines Geistlichen zu „vertheidigen." Wenn, aller Vermuthung nach, ich die Ehre habe, mit dieser verächtlichen Miene gemeint zu sein; so empfehle ich dem Herrn Senior, das noch einmahl zu lesen, was ich im 47 § in der andern Anmerkung gesagt habe.

Fünftens. Der letzte Absatz auf der 185 Seite betrifft allein Herrn Past. Schlosser, welchem der Herr Senior sagt, was er in Ansehung seiner vor etlichen Jahren geschriebenen und vor ein Paar Jahren gedruckten Schauspiele thun soll. Wir werden in der nächstens von ihm zu erwartenden Verantwortung sehen, wiefern er sich verpflichtet erkennen werde, diesem Befehl des Herrn Seniors Goeze zu gehorsamen.

Sechstens. Der Herr Senior frägt: „Kann „ein im Ampt stehender Prediger noch Schauspiele „schreiben aufführen und drucken lassen, ohne sich „schwer zu versündigen? Und er setzt hinzu: Diese „Frage bedarf keiner besondern Beantwortung, da „die vorhergehenden Betrachtungen schon hinrei= „chen, sie zu entscheiden." Und ich nehme mir die Freiheit, eben das zu sagen: wenn nur meine Leser bey den vorhergehenden Betrachtungen des

Herrn

Herrn Seniors zugleich meine Anmerkungen dazu gelesen haben.

Siebentens. Die Stelle, welche der Herr Senior aus dem Englischen Remembrancer anführt, ist eine Behauptung ohne Beweis, und also sehr untauglich.

Achtens. Der Herr Senior meint, der Verfasser auch des vortrefflichsten moralschen Schauspiels habe doch eine grosse Verschuldung auf sich, wenn bey der Vorstellung desselben ein verführerisches Nachspiel folge. Das ist eben so geschlossen, als wenn einer sagen wollte: Wenn der Herr Senior Goeze ein erbauliches Buch schreibt, und dasselbe mit einer von Zoten angefüllten Schrift in einen Band gebunden, und dieser Band von Leuten in die Hände genommen und durchgelesen wird; so hat der Herr Senior die übeln Eindrücke der letztern Schrift zu verantworten.

§. 50.

Der vier und vierzigste Paragraph des Herrn Seniors macht den Beschluß seiner Schrift. Die Beantwortung der daselbst vorgetragenen Fragen bezieht sich auf alles, was bisher von ihm ist abgehandelt worden. Hat er in seinem ganzen Vor-

O   trag

trag Recht; so hat er es auch in diesem Paragraph. Da nun meine Leser in den Stand gesetzt sind, das erstere zu entscheiden; so wird ihnen die Entscheidung des letztern auch nicht schwer sein.

Und hiemit endige ich meine Schrift, zu deren Empfehlung an wahrheitliebende und unpartheiische Leser ich nichts hinzusetze, als die schon etliche Mahl an sie gerichtete Bitte um eine genaue Vergleichung der Sätze und Beweise des Herrn Seniors Goeze mit den meinigen. Sollte es ihnen vorkommen, als ob ich hin und wieder zu genau und zu umständlich geschrieben hätte; so werden sie mich theils durch den so sehr wortreichen und von unzählbaren Sticheleien angefüllten Vortrag des Herrn Seniors, theils aus meiner Absicht entschuldigen, welche darin besteht, nicht eigentlich den Kennern des gegenwärtigen Zustandes der teutschen Schaubühne, denn diese können den ganzen Streit ohne mich beurtheilen, sondern vorzüglich den übrigen eine Sache deutlich zu machen, welche voreilig und unrichtig zu beurtheilen sie leicht könnten hingerissen sein.

Ich

Ich schliesse mit dem aufrichtigen Wunsch, daß Gott diese aus Ueberzeugung und redlicher Absicht übernommene Arbeit segnen, alle Heuchelen und die Zunge, welche falsch redet, hinwegthun, die Unschuld und gute Sache aller Unterdrückten und Verfolgten ans Licht bringen, und ihre Verfolger und Lästerer bekehren wolle. Hamburg den 5 Oktober 1769.

Zugabe.

Nachdem dieser Aufsatz beinahe vollendet war, fielen mir drey Zeitungen in die Hände, deren Aufschrift diese ist: Beitrag zum Reichspostreuter, 76, 77 und 78 Stück. Ich finde in denselben eine Rezension der Schrift des Herrn Seniors Goeze, welche mit meinen Gedanken so genau übereinstimmt, daß man diese meine Schrift fast als einen Kommentar darüber ansehen könnte. Da der Herr Verfasser ein Fremder ist, und mit Herrn Pastor Schlosser und mir in keiner Verbindung steht; so müssen seine Gründe eine desto grössere Stärke haben, weil man ihm den Einwurf nicht machen kann, daß er aus eigennützi-

Bei

ger Partheiligkeit für uns schreibe, mit welcher
Beschuldigung man die pflichtmäſſigſten und auf
den unwiederleglichſten Gründen beruhenden Urtheile rechtſchaffener Forſcher dieſer Sache von der
Hand zu weiſen gewohnt iſt. Ich will alſo
dieſe Rezenſion hieher ſetzen, ohne mir die Freiheit zu nehmen, ſie mit unnöthigen und nichts-
bedeutenden Anmerkungen zu begleiten.

Hamburg. Theologiſche Unterſuchung der
Sittlichkeit der heutigen teutſchen Schaubühne überhaupt: wie auch dieſer Fragen: ob ein Geiſtlicher, in-
ſonderheit ein wirklich im Predigtampt ſtehender
Mann, ohne ein ſchweres Aergerniß zu geben, die
Schaubühne beſuchen, ſelbſt Comödien ſchreiben aufführen und drucken laſſen, und die Schaubühne, ſo
wie ſie itzo iſt, vertheidigen, und als einen Tempel
der Tugend, als eine Schule der edeln Empfindungen und der guten Sitten, anpreiſen könne? von
Johann Melchior Goezen, Paſt. zu St. Catharinen,
E. Hochwürdigen Miniſterii Seniore, und Ephoro
der Schulen in Hamburg. Bey Brandt 204 S.
1770. Die heutige teutſche Schaubühne iſt ein
Ausdruck, der, verſchieden genommen, ſehr ver-

schie-

schiedene Dinge bedeutet. Einmal, welche deutsche
Schaubühne? die Schaubühne in Wien, in Leipzig,
in Berlin, in Petersburg, die vormalige in Hamburg, oder jenes wandernde Ding auf Wagen und
Karren, was sich auch Schaubühne nennen lassen
will? So viel dieser verschiedenen Bühnen, so viel
vielleicht verschiedene Grade der Güte in Ansehung
des Geschmacks und der Sittlichkeit, wie unter den
Stücken, die aufgeführet werden, so auch unter den
Characteren der Schauspieler, welche sie aufführen.
Wer will nun diese alle unter ein allgemeines Urtheil zusammen werfen? Zweitens: verstehet der
Verfasser die dramatischen Stücke, welche der Geschmack billiget? Wie verschieden wird abermal sein
Urtheil über diese, und über jenes sein müssen? Da
ferner eine jede dieser Bühnen gute und schlechte, sehr
moralische, solche, die es nicht genug sind, und auch
vielleicht solche, die es gar nicht sind, durch einander aufführen wird; so fraget sich abermal, wie
kann man diese unter einem allgemeinen Urtheil zusammen fassen? Alles, was durch eine solche Beurtheilung ausgemacht werden könnte, wird nichts
mehr sein, als was alle Leute von richtigem Gefühl
und Geschmack lange wissen, und beklagen: Die

teutsche

teutſche Schaubühne ſey zwar in ihrem zunehmenden
Alter, aber noch weit entfernet von derjenigen Voll=
kommenheit, daß ſie eine teutſche Schaubühne ge=
nannt werden dürfte: Sie ſey noch ein ſeltſames
Gemiſch von Gutem und Schlechtem. Wer inzwi=
ſchen die itzige teutſche Schaubühne überhaupt
beurtheilen will, der mag freilich Gründe genug fin=
den, einen groſſen Theil ihrer Stücke zu verwerfen,
und an den Schauſpielern vieles, auch was die
Sitten betrift, tadeln; aber er ſollte nicht nach die=
ſen Stücken, ſondern nach denen, welche die Nation
für gute erkennet, die teutſche Bühne beurtheilen,
nach der Regel a potiori, und dieſe kann hier nicht
die gröſſeſte Anzahl machen. Endlich kann eine
Kunſt, welche fortrücket, niemals, ohne Nachtheil,
ganz nach ihrem gegenwärtigen Zuſtande beurtheilet
werden. Wir erwarteten demnach, daß der Herr
Senier in dieſer Schrift ausmachen würde, in wel=
chem Grade ein Drama ſittlich ſein müßte, um mit
größtem Nutzen der Zuſchauer aufgeführet werden zu
können, und wie nahe, oder wie fern unſere beſten
Stücke dieſer Sittlichkeit wären? Oder, da wir
bald ſahen, daß er wieder alle theatraliſche Aufführ=
rung ſtreiten wollte, ſo erwarteten wir den Beweis:

Daß

Daß entweder kein einziges Drama an sich sittlich genug seyn könnte, ohne mehr Schaden als Nutzen zu stiften; oder daß das beste Stück in der Vorstellung allemal mehr Schaden als Nutzen stiften müßte. Wäre das erste bewiesen, so würden wir uns sehr wundern! Aber auch das letzte würde das Urtheil sehr grosser Moralisten, welche die Bühne der öffentlichen Aufsicht des Publici empfehlen, zu unserer nicht geringern Verwunderung umstossen; es würde aber noch immer eine gute Sache bleiben, Schauspiele zu lesen und zu schreiben. — Herr Senior Goeze gestehet, daß ihm verschiedene teutsche Stücke, z. E. Gellerts und Lessings, in Ansehung der Sittlichkeit, ein Genüge leisten; also behauptet er nicht das erste. Er verwirft aber die heutige teutsche Schaubühne, so wie sie ist: und wer wird ihm gänzlich wiedersprechen! Ballets, Harlekins, Schalksnarren, Zoten, alles das geben wir gern preis. Wenn aber diese von dem Herrn Senior selbst gebilligten Stücke aufgeführet werden, so ist die Schaubühne dann gewiß keine wahre Satansschule! Wenn hier nicht noch der andere Beweis hinzu kommt; so hoffen wir ein besseres Urtheil.

Man

Man mögte ferner mit Recht fragen, da das teutsche Drama, und mit demselben die Bühne, schon große Schritte in ihrer Verbesserung fortgerücket ist, wie niemand leugnen kann; sollte es unmöglich sein, daß sie noch weiter käme, und endlich eine solche Bühne würde, die der Herr Senior selbst für eine gereinigte erkennen müßte? Er antwortet auf diese Frage: „Es „sey schlechterdings unmöglich bey unsern gegenwär„tigen bürgerlichen Verfassungen, und bey den „herrschenden Gesinnungen der meisten, welche den „Schauplatz besuchen, denselben so zu reinigen, und „zu verbessern, daß er, ich will nicht sagen, wirk„lich eine Schule der Tugend und der guten Sitten, „sondern daß er nur erträglich und unanstößig werde.„ Man sehe aber, wie er dieses beweiset, und ob die Vorschriften, welche der Herr Verfasser S. 66=67 giebt, ich will nicht sagen, alle gleich treffend, gleich nothwendig, und die besten, sondern ob sie so unmöglich sind, ausgeführt zu werden, als der Herr Verfasser denket, der sie mit der Erfindung des Steins der Weisen und der Quadratur des Cirkels in eine Klasse setzt? Wir sind versichert, daß Kenner noch viel andere, und viel schwerer scheinende vorschreiben werden. — Ueberhaupt sind die Gründe, womit

hier

hier das Theater beſtritten wird, meiſtens ſo beſchaffen, daß ſie auf viele andere Dinge mehr treffen: mit
einem Worte auf Misbräuche und Nebendinge, unter welchen die Hauptſache nicht leiden kann. Man
ſehe übrigens noch einige Beiſpiele von der Art, wie
der Herr Verfaſſer beweiſet. S. 14. meint derſelbe,
„wenn eine bekannte Coquette die Frau Damon des
„Herrn Gellert, oder die Minna des Herrn Leſſing,
„agirte; ſo müßte er die beiden vortrefflichen Verfaſ-
„ſer bedauren. Denn die Abſicht, die ſie bey der Aus-
„bildung dieſes Characters gehabt hätten, würde
„nicht erreichet werden.„ Warum nicht? „Der
„Contraſt zwiſchen den Perſonen und Charakteren
„würde ſo groß ſein, und ſo ſehr ins Lächerliche fal-
„len, daß er die Seelen der Zuſchauer allein beſchäf-
„tigen, und nicht verſtatten würde, die edlen Geſin-
„nungen und die Großmuth, zu welchen ſie erweckt
„werden ſollten, auch nur wahrzunehmen.„ Wider
alle Erfahrung! Wie oft mag wol eine Coquette, als
eine gute Schauſpielerin, den Zuſchauern Thränen ent-
riſſen haben, indem ſie eine Minna oder eine ähnliche
Rolle ſpielte! Die Illuſion bietet dem beſten Gedächt-
niß des Zuſchauers Trotz, nach einer unſtreitigen Erfahrung. Hier ſcheint der Herr Verfaſſer das noch

P   nicht

nicht gedacht zu haben, was er S. 36. sagen wollte.
Am meisten wunderten wir uns S. 96. zu lesen: „Es
„sey eine unstreitige Erfahrung, daß die meisten Zu-
„schauer eines Trauerspiels bey der Besuchung dessel-
„ben, — mehr die Absicht hätten, ihre Wollust an
„den Martern anderer zu vergnügen.„ So unerweis-
lich diese unstreitige Erfahrung ist, so sehr glaubt der
Herr Verfasser, sie durch eine die menschliche Natur
beleidigende Behauptung zu erweisen; welche gleich-
falls eine Erfahrung sein soll: „Es ist, sagt er, eine
„der menschlichen Natur gar nicht zur Ehre gereichende
„Erfahrung, daß Menschen am Elende anderer
„Menschen, selbst an dem Anblick der schrecklichsten
„Marter derselben, eine recht grosse Augenlust fin-
„den!„ O menschliche Natur! O alle ihre Reigun-
gen des Wohlwollens, edelster Theil der Gesinnungen, welche den Menschen von dem Thier unterscheiden! Dank sey euch, die ihr noch bey den meisten so
mächtig seid, daß sie einen solchen Fühllosen einmü-
thig aus der Zahl der Menschen ausstossen, und ihn
mit dem Rahmen, Unmensch, bestrafen! — Aber
wodurch erweiset der Herr Verfasser diese Erfahrung?
„Er beruft sich auf den gewaltigen Zulauf von Men-
„schen bey Hinrichtung der Missethäter, der desto häu-
„figer,

„figer ist, je schrecklicher jene.„ Nun Leser, der du iemahls einer Hinrichtung zugesehen hast, erinnere dich deiner eigenen Empfindung, und wiederlege die Erklärung des Herrn Seniors! Mehr braucht es zwar nicht. Doch kann es nicht schaden, den Herrn Verfasser hier an die Erklärungen grosser Moralisten zu erinnern, eines Du Bos, Fontenelle, Hume, Mendelsohn, Home, und, damit wir auch einen angesehenen Gottesgelehrten nennen, Rautenberg. In der That, wir hätten wohl fordern können, daß derjenige, der von der Sittlichkeit des Theaters schreiben wollte, mit diesen Männern zu Rathe gegangen wäre. Nicht zwar, um von ihnen erst zu lernen, daß kein menschliches Herz eine recht grosse Augenlust an den Martern eines Delinquenten finde. Das wiederlegt manche Erfahrung, wenn selbst der Pöbel bey unglücklich verrichteter Execution so aufgebracht worden, daß der Nachrichter in Gefahr gewesen, mishandelt zu werden. Niemand hat einem solchen noch Dank gesagt, für die Gelegenheit, die er ihm durch eine schlechte Execution gegeben, seine Wollust an der Marter des Unglücklichen zu sätigen.

Zu den grossen Flüchtigkeiten rechnen wir folgende Stellen; S. 36 wird Moliere unstreitig

unser

unter die verdammlichsten Lehrer des Lasters ge=
zählt: „Und ich glaube nicht, fährt der Herr Ver=
„fasser fort, daß Voltaire mit verschiedenen Aufsätzen,
„in welchen sich die Frechheit und Bosheit des Sa=
„tans in ihrer höchsten Größe zeigt, ja, welche
„der Satan selbst zu verfertigen wenigstens nicht
„frech genug seyn würde, so viel Schaden gethan
„hat." Hier zeigt sich also in Voltairens Aufsä=
tzen, welche Satan wenigstens nicht frech genug
ist, selbst zu verfertigen, dennoch Satans Frech=
heit in ihrer ganzen Größe! Bald darauf werden
alle Vertheidiger der Schaubühne aufgefodert, ein
Stück Moliers zu nennen, welches der Tugend nur
zu einigem Vortheil gereichen könnte: und hernach
gestehet der Herr Verfasser selbst: Moliere sey die
Geissel für den Tartüffe, und S. 38, liefet er eben
diesen Tartüffe mit Beifall; ein Stück desjenigen
Schriftstellers, von dem keines der Tugend nur zu
einigem Vortheil gereichen kann; und den der Ver=
fasser aus Dankbarkeit für dasjenige Stück, was
er mit Beifall gelesen hatte, S. 37 um einen Grad
über den Büttel setzte. Auf derselben Seite steht
noch eine Periode, welche zeigt, daß der Herr Ver=
fasser, was er mit flüchtiger Hand schrieb, nicht

wieder

wieder überlas: „sie sind gewiß die besten Noth-
„helfer der Comödianten, welche diejenigen Lücken
„ihrer Einnahme, welche durch die Aufführung guter
„und wirklich moralischer Stücke, welche dem Zu-
„schauer bald zum Eckel werden, verursachet wor-
„den, wieder ausfüllen müssen:“ Dreymal welche,
und dann drey Verba hinter einander, werden,
worden und müssen. Ueberhaupt ist die Schreib-
art sehr nachläßig, wie manche seitenlange Periode,
und die angeführten Beispiele, die sich vermehren
liessen, zeigen; und sowol diese, als der übertriebene und heftige Ausdruck fast auf allen Seiten, beweisen genugsam, daß der Herr Senior theils hier
nicht in seiner Sphäre, theils nicht kaltblütig genug
war; die Wahrheit, nach genügsamer und unpartheiischer Betrachtung, genau zu treffen. Von der
Untersuchung der angehängten Fragen wollen wir
nur bemerken, mit welcher Gabe der Herr Senior
alles, was z. E. ein junger Geistlicher (S. 181 u. f.)
der etwa auf Universitäten dramatische Stücke schreibt,
lese, lesen müsse, und werde, denke, unterlasse,
thue, thun müsse, und thun werde, zu bestimmen
weiß, so daß die Summa aller dieser Folgen zusammen gerechnet, aufs wenigste herauskömmt; ein

solcher

folcher junger Menſch muß dereinſt ein heuchleri=
ſcher Prediger werden. Wir geſtehen, mit dieſer
Art zu beweiſen kann man alles in der Welt be=
weiſen, was man will. Wie übrigens die Stücke,
die der junge Student geſchrieben hat, in Anſehung
ihrer Moralität beſchaffen ſeyn mögten, was thut
das zur Sache? Genug es ſind Stücke fürs Theater,
und das Theater iſt Pompa Satanae.

W. Z. E.